# 文化聚力

Cultural Cohesion

张晓丽　夏正新◎著

中国纺织出版社有限公司

## 内 容 提 要

企业文化是助力企业做强做大亘古不变的话题，本书围绕企业文化的塑造与建设进行撰写。全书共分为六章，分别介绍了文化环境的作用和影响、什么是企业文化、企业需要什么样的文化、企业文化常见误区、如何建设企业文化等。优秀的企业文化铸就了独特的企业之魂，是推动企业不断发展壮大的内在动力。全书案例新颖、丰富、翔实，从企业文化建设的实战角度深度解析，充分论证，为广大读者了解、学习企业文化提供了丰富的素材，为企业管理者不断提升企业文化建设提供了充分的实践经验。

**图书在版编目（CIP）数据**

文化聚力 / 张晓丽，夏正新著. —北京：中国纺织出版社有限公司，2022.1

ISBN 978-7-5180-9141-6

Ⅰ. ①文… Ⅱ. ①张…②夏… Ⅲ. ①企业文化—研究 Ⅳ. ①F272-05

中国版本图书馆CIP数据核字（2021）第230583号

---

策划编辑：史　岩　　责任编辑：曹炳镝

责任校对：寇晨晨　　责任印制：储志伟

---

中国纺织出版社有限公司出版发行

地址：北京市朝阳区百子湾东里 A407 号楼　邮政编码：100124

销售电话：010—67004422　传真：010—87155801

http://www.c-textilep.com

中国纺织出版社天猫旗舰店

官方微博 http://weibo.com/2119887771

天津千鹤文化传播有限公司印刷　　各地新华书店经销

2022 年 1 月第 1 版第 1 次印刷

开本：880×1230　1/32　印张：6

字数：180 千字　定价：68.00 元

---

# 前 言

伴随经济全球化和互联网的高速发展，企业身处的世界变化越来越快，暂时达成平衡的局面会不断被打破。永远不变的是变化，如今的变化相比过往更加模糊不定、更加烦絮复杂，让企业的经营发展变得更加步履维艰、更像如履薄冰。纵观历史上的诸多壮士断腕般的变革，都是从企业文化的变革开始的。在TCL遭遇国际化重创、面临亏损的危急时刻，李东生开始了“鹰之重生”的企业文化变革，使得TCL重获市场；在日航面临赤字万亿之时，稻盛和夫开始“利他主义”的企业文化变革，使得日航起死回生。

在当今的时代背景下，如何厚植根基，汇集企业持续发展的内在驱动力和支撑力——企业文化，成为了企业家、管理者乃至管理学家们不得不去深入思考的问题。

在接触、辅导企业过程中，我们发现了这样一系列现象：第一，很多人认同企业文化的作用，但是看了很多书、参加了很多培训课，依旧无法真真切切地回答“企业文化到底是什么”，感到企业文化是理念层面的东西，比较虚。第二，参访了不少知名企业，学习企业文化建设，了解时心潮澎湃、感慨万千，但是拿来用时不见效，甚至变了味道，形似而神不似。第三，还有不少人认为，企业文化固然重要，但是在困难时期无须考虑企业文化，活下去才是最重要的。

基于上述原因写作了本书。通过第一章，我们会学习文化环境对人类、对员工的潜移默化的作用与影响；在第二章，我们可以清清楚楚地知道企业文化的要素和结构，从而完成企业文化理解的升级，从抽象走向具象，从口号走向行为，从虚无缥缈走向实实在在；在第三章至第五章，我们会一起学习如何建设企业文化，发展阶段、企业类别等都会影响我们的文化要素选择，盲目模仿或者不去遵循事理逻辑，都会让我们的文化建设走向落寞。

本书的出版，离不开我们身边各位企业家和同事同仁的大力支持。感谢明德蓝鹰上市辅导中心总监刘亚楠女士尽思极心的研发输出及娓娓道来的课程讲解，为本书提供重要资料支持，感谢明德蓝鹰人力资源辅导同事王宁女士，为本书前期研发提供了鼎力支持。对于参与本书策划及写作的其他人员，在这里一并表达我的感谢。

《明德大讲堂》人力资源系列课程分为三阶，囊括了十五个人力资源课题。一阶、二阶、三阶分别围绕职能、岗位、员工三个层面递进展开。

一阶为人力资源规划准备，包含了《人力资源战略规划》《组织架构及四部门岗位设置与人员配备》《不相容岗位》《精准招聘》《离职管理》五个课题。

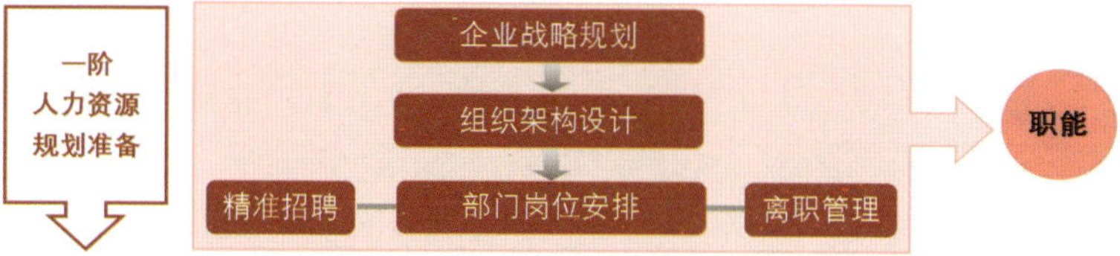


二阶为人力资源岗位运行，包含了《培训》《薪酬》《考核》《员工激励》《权限指引》五个课题。

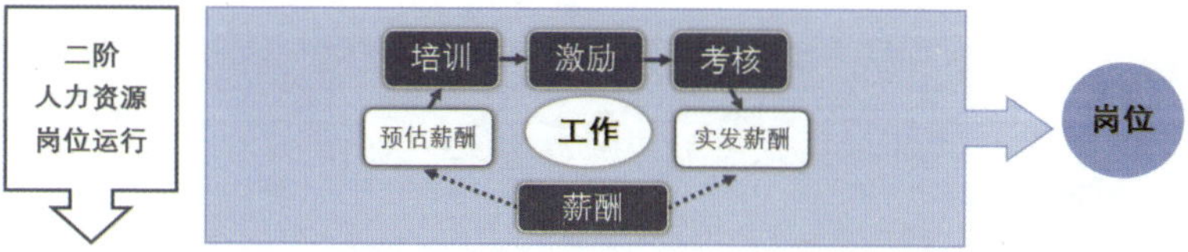


三阶为人力资源管理提升，包含了《高管团队搭建》《如何做下属》《十大管理误区》《信息同步系统》《企业文化》五个课题。

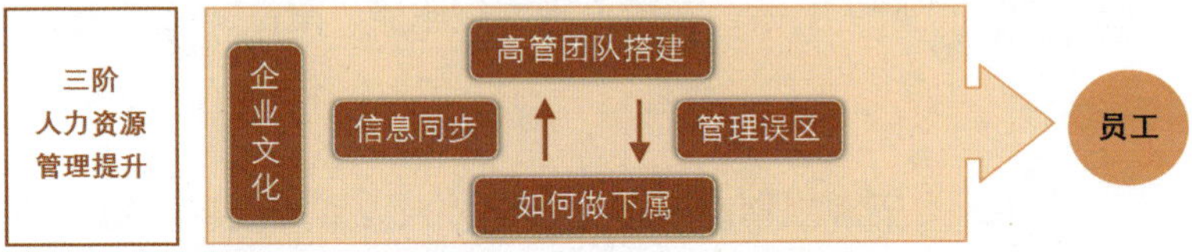


本书《大变局时代，企业文化如何落地打造团队》即是《明德大讲堂》人力资源管理系列三阶的课题之一。

张晓丽　夏正新

2021 年 8 月

# 目　录

# 第一章 文化环境的作用和影响

我们先来看文化环境的作用和影响。

所谓环境，是指事物周围的所有情况和条件的总和（见图 1–1）。

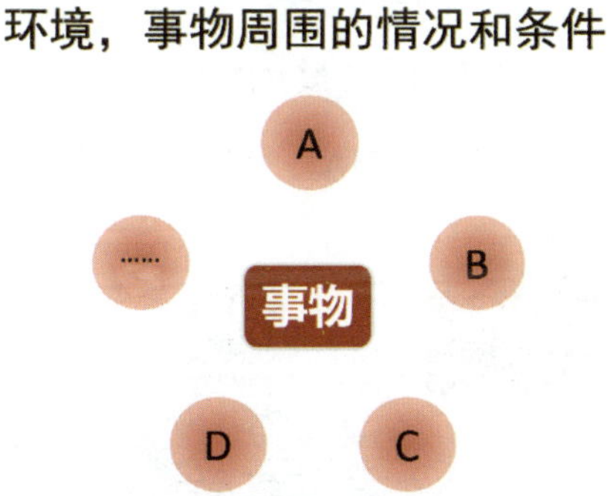


图 1–1　环境的定义

这种情况和条件包括很多类型。从不同的维度划分，有不同的环境分类方法。

按属性来分，可以分为自然环境和人工环境（见图 1–2）。

图 1–2　按属性分类

从主体分，可以分为家庭环境、学校环境和企业环境（见图 1–3）。

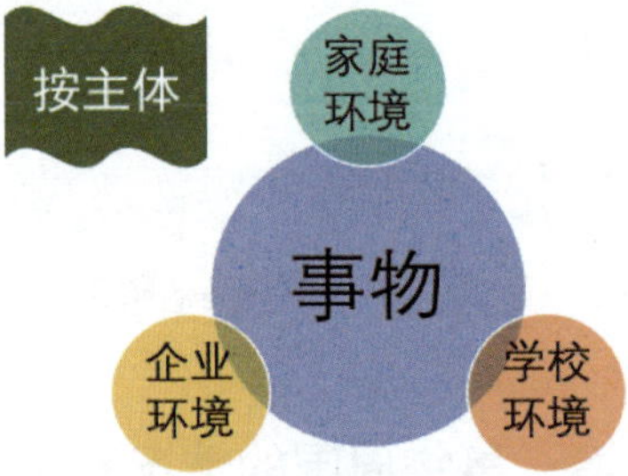


图 1–3　按主体分类

从范畴来分，可以分为政治环境、经济环境和文化环境（见图 1–4）。

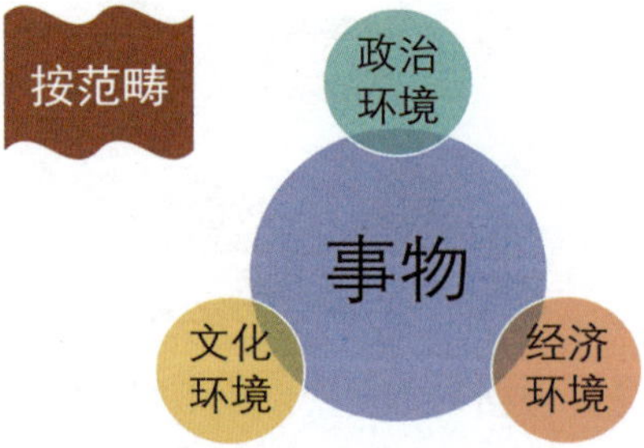


图 1–4　按范畴分类

# 第一节　环境对事物的影响

自然环境对植物有何影响？俗话说：橘生淮南则为橘，生于淮北则为枳（见图 1–5）。对于橘树而言，由于地理区域，也就是环境不同，最终它生长出来的状态也就不同。

图 1–5　自然环境对植物的影响

同一个品种长在不同的环境下，最后形态完全不一样，这说明自然环境一变，哪怕是同一个品种，植物的属性最终也会发生变化（见图 1–6）。

图 1–6　自然环境变化，植物性质随之发生变化

自然环境对动物有没有影响？我们都知道大熊猫爱吃竹子，大熊猫为什么爱吃竹子？

我们看下面这张图片，这是大熊猫的祖先，叫始熊猫。800 万年前，它是一种食肉性动物（见图 1–7）。

图 1–7　自然环境对动物的影响

后来地壳发生变化，冰川迁移，导致它的很多食物——小动物们灭绝了，不得已，大熊猫的祖先发现周围有竹子，就开始吃竹子了。因为竹子的能量非常低，据说大熊猫平均每天要吃十四个小时以上的竹子，而且要多睡觉，为什么？不能消耗太多能量。这也是大熊猫吃了睡、睡了吃的原因。久而久之，现在的熊猫变成了食素动物。

我们看到自然环境一变，动物本身的习性也发生了巨大改变（见图 1–8）。

**自然环境变了，动物的习性也会变**

图 1–8　自然环境变化，动物习性随之改变

自然环境变了，对植物和动物有巨大影响。我们来看看，家庭环境对人类有什么样的影响。

图 1–5 左面这张图片是一群笑得非常灿烂的印度小女孩，图 1–5 右面这张图片，您能分辨出来他们是哪个国家的、大概多大了，以及他们的性别吗？其实这同样是两个印度小女孩，她们是非常有名的印度狼女阿玛拉和卡马拉。可以看到她们的特点是不是毛发非常浓密，与一般小孩不一样，现在没张嘴，其实牙齿特别长，也是畸形的。为什么？因为她们出生在正常家庭，但是是由狼群抚养长大的，成长环境彻底变化，所以才有这么大的区别（见图 1–9）。

图 1–9　家庭环境对人的影响

印度狼孩的例子有点极端，我们再看看日常生活中的例子（见图 1–10）。

图 1–10　生活环境对人的影响（一）

这是一对双胞胎，出生的时候被抱错了。哥哥在城市长大，而弟弟在农村长大。我们看到两兄弟成年之后也有很大的生理特征差异（见图 1–11）。

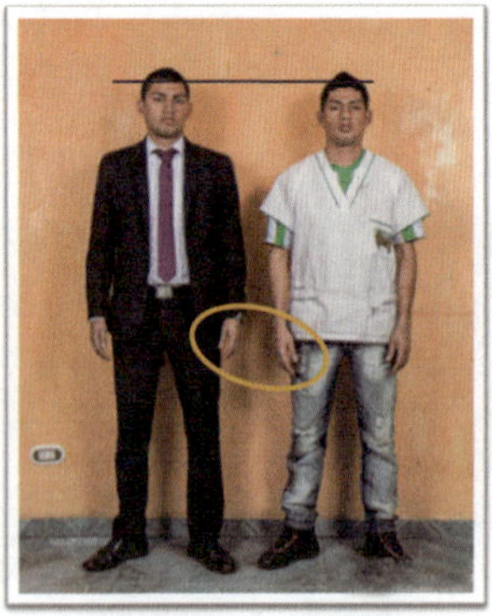


图 1–11　生活环境对人的影响（二）

比如，哥哥在城市长大，营养比较好，所以他明显比弟弟个头要高；而弟弟因为住在农村经常干农活，所以他的手要比哥哥大很多。家庭环境一变，生理特征也随之发生变化（见图 1-12）。

图 1-12　家庭环境改变，生理特征出现差异

## 第二节　文化环境对事物的影响

我们前面所讲的都是物质环境对事物的影响，接下来看看文化环境对事物有何影响（见图 1-13）。其实文化环境也可以分为家庭文化、学校文化、社会文化，当然企业文化也包括在面。

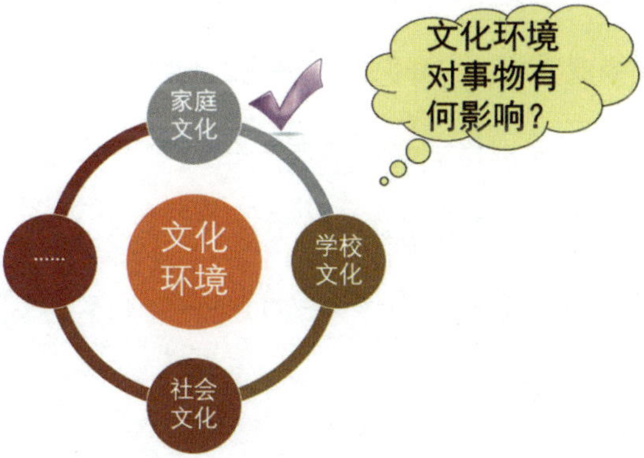


图 1-13　文化环境对事物的影响

家庭文化对人有什么影响呢（见图 1–14）？小孩如果摔倒哭了，家长会怎么办？

图 1–14　家庭文化对人的影响

之前有一篇网络文章，讲的是中国婆婆和美国媳妇的差别。遇到孩子摔倒哭了的情况中国婆婆会怎么办？她会马上过去抱起来哄一哄，而且绝对要把责任怪在绊倒孩子的地面上，拍打地面、责怪地面。美国媳妇会怎么办？我不管，你自己要爬起来。其实这也体现了中美家庭文化的差异。中国婆婆之所以这么做，是因为中国传统家庭文化里面把孩子视为家族传承的掌中宝，必须给予无微不至的关怀；而美国文化里面把孩子视为一个独立的个体。所以，中美两国文化让我们对待小孩子教育的时候有这么大的差异（见图 1–15）。

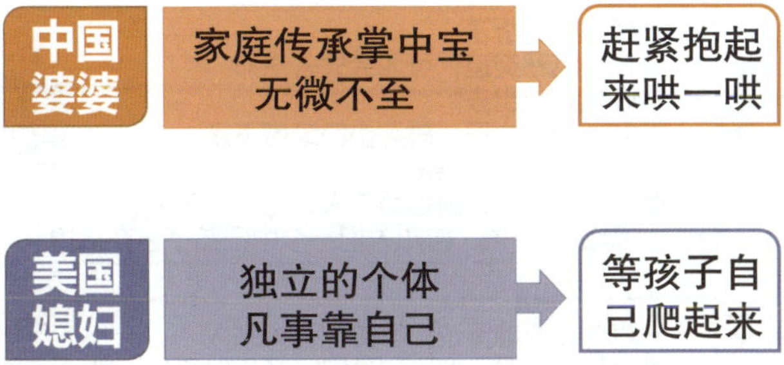


图 1–15　中国婆婆和美国媳妇对孩子摔倒的不同反应

那么，在不同文化里面成长起来的小孩，长大后有多大区别？我们来看两个孩子，一个是美国人，另一个是中国人，他们一起去爬山，同时遇险被压在石头下面（见图 1–16）。

图 1–16　中美孩子爬山遇险

这是一个真实的故事，我们看看在面临险境的时候，美国孩子和中国孩子有什么差异（见图 1–17）。

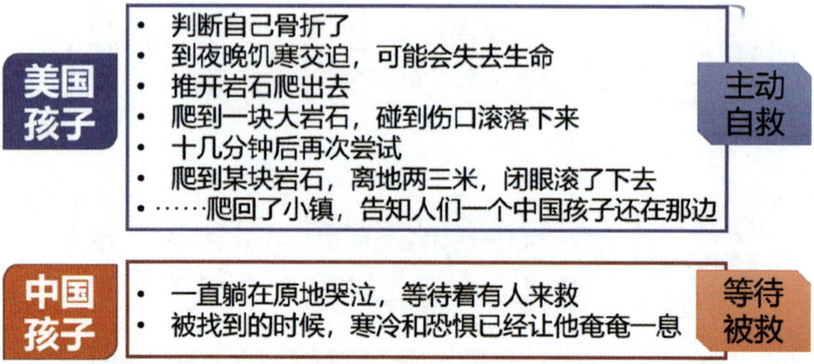


图 1–17　中美孩子面对岩石坍塌的不同反应

美国孩子会怎么办？首先，他判断自己应该是骨折了。接下来天越来越黑，而且越来越冷，他想如果不赶紧走出去的话，很可能会死在这里。非常理性。接下来，他决定推开岩石爬出去。经历了反反复复的折腾，非常波折……最终他爬到了一个镇上找到了人群，而且告诉人们，有一个中国孩子还在那边。这是美国小孩的反应。

中国孩子会怎么办？ 常见的反应就是一直躺在那里哭，等着人来救。而且有的小孩还不会呼救，只能在原地等待。直到人们找到他时他已经奄奄一息了，一方面是因为冷和饿，另一方面被绝望侵占了。

这两个孩子的反应差异太大了，美国孩子是主动自救，而中国孩子是被动地等待救援。

所以，我们可以看到家庭文化一直在延续，对于我们每个个体有什么样的影响？美国是因为独立自主的家庭文化让美国孩子有自救的行为，而中国是包办的家庭文化，尤其是现在很多家庭是六个大人围绕一个小孩转，这个更加严重（见图 1–18）。

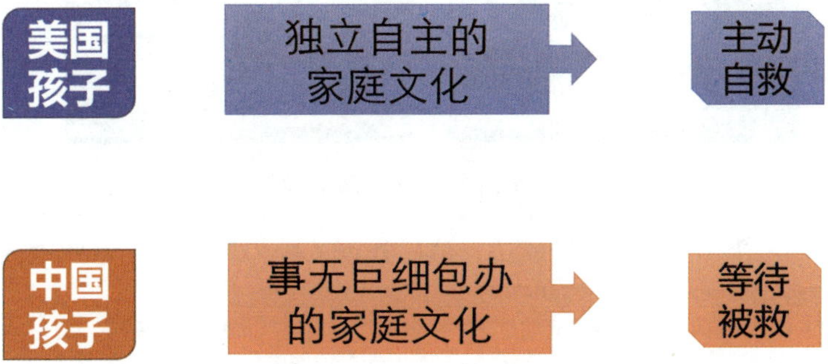


图 1–18　中美孩子在不同文化熏陶下的不同求救方式

我们再看，学校文化会不会对孩子有影响（见图 1–19）。

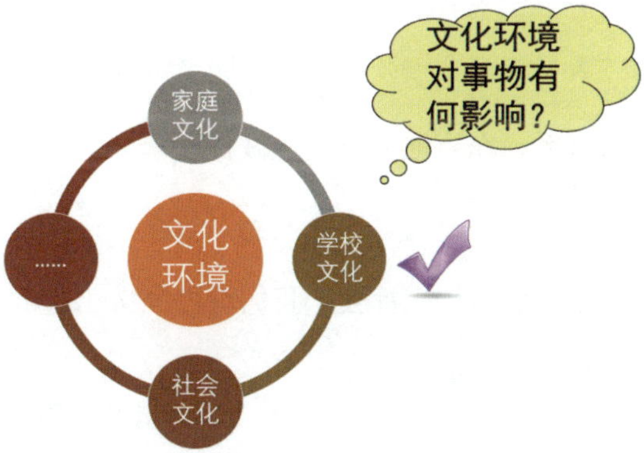


图 1–19　学校文化对事物的影响

两个孩子都长大了，同时进入大学，被分到了不同的宿舍。一个孩子每天和舍友相约一起去自习，另一个孩子每天和舍友相约一起打游戏。四年之后会有什么区别（见图 1–20）？

图 1–20　不同宿舍环境对孩子四年后的影响

左图中的孩子考研成功，最后找到了一个好工作；右图中的孩子挂科不断，靠作弊混到了毕业证，找工作也非常困难，近乎失业状态。曾经有一篇新闻报道，大学同班的两个男生真实经历了这两个极端：一个是每天去自习，成功保送研究生，毕业后进入金融机构，成为一名成功的基金经理；另一个天天跑出去刷夜，翻围墙出去，等到第二天早晨宿舍楼开门了，再回来睡觉，从不上课，最终他回到自己的家乡，在当地一家企业做普通职员。这个结果是不是差异很大？

从学校毕业，然后步入社会，我们看社会文化对个人有什么影响（见图 1–21）。

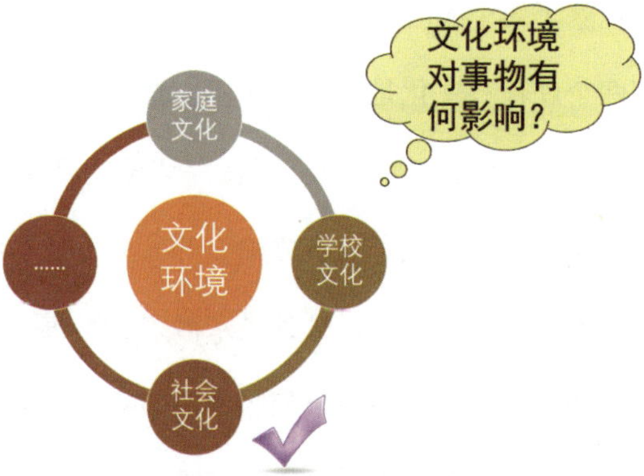


图 1–21　社会文化对事物的影响

进入社会肯定少不了应酬。聚餐的时候，我们想想美国人和中国人会有什么不同的反应（见图 1–22）。

图 1–22　聚餐时，美国人和中国人分别怎么埋单

美国人会选择 AA 制；而中国人会抢着埋单，我们经常看到大家在餐馆门口抢着埋单。美国实行 AA 制是因为他们的个人主义、强调独立的文化造成的；而中国是集体主义、面子思想重，导致抢着埋单。

文化环境除了对个人的影响，对于国家和时代有没有影响呢？

唐、宋两个朝代，文化是不是明显不一样？文化上，唐朝重武轻文，而宋朝重文轻武。所以，唐朝在存续期间几乎每年都在打仗，版图不断扩张，也出现了贞观之治、开元盛世这样的景象。而宋朝，整个国家都是文人墨客。尤其是宋徽宗，琴棋书画、诗词歌赋样样精通，非常有才华。但是宋朝版图不断缩小，最后被少数民族打败、割地赔款（见图 1–23）。

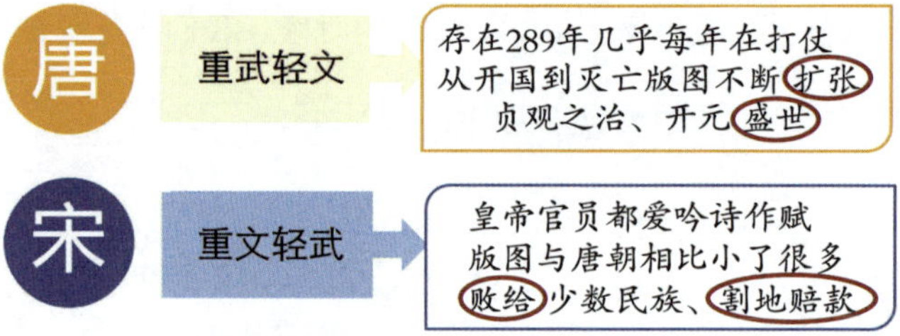


图 1–23　唐宋文化对比

以上这些都在证明：家庭文化环境、学校文化环境、社会文化环境每时每刻、方方面面都在影响着我们的思维和行为（见图 1–24）。

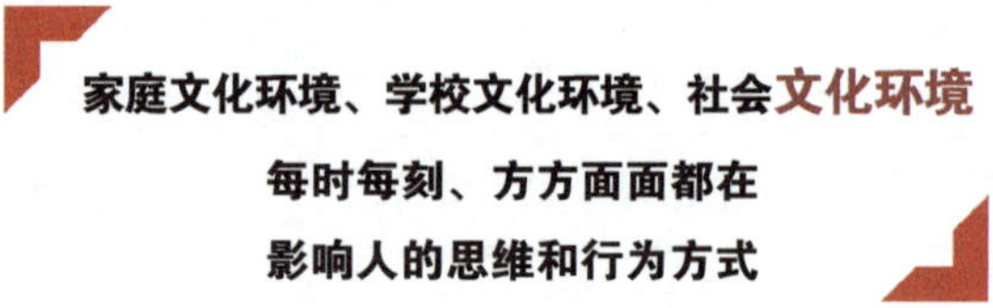


图 1–24　家庭、学校、社会文化环境对人的影响

## 第三节　文化环境对企业的影响

企业文化也是环境的一部分，它对企业经营也有重大影响。

美国有名的盖洛普公司曾对世界 500 强公司高管做过一项调查。86% 的 500 强公司管理人员认为：企业文化是重要甚至是最为重要的一个课题。还有很多企业专门设置了一个岗位，叫企业文化官（见图 1–25）。这是 500 强公司对待企业文化的一个普遍态度。

盖洛普公司2016年曾对**全球500强**企业做了一次调查，结果显示，“**企业文化**”被评为500强管理者心中**最重要**的问题，约有**86%**的高管将“企业文化”列为**重要或非常重要**的问题，在有些企业里，还会有专门的 **企业文化官** 职位负责公司企业文化的制定和维护。

图 1–25　盖洛普公司市场调查结果

这其中有几家代表性企业。比如，阿里巴巴的马云是怎么看待文化的？他说：企业文化就是企业发展的 DNA，它决定了企业的性格命运。

韦尔奇对于企业文化的作用也有很深的感悟：文化之于企业，相当于铁轨之于列车（见图 1–26）。

如果你想让列车时速再快10千米，只需要加一加马力;若想使车速增加一倍，你就必须要更换**铁轨**了。资产重组可以一时提高公司的生产力，但若没有**文化**上的改变，就无法维持高生产力的发展。

图 1–26　杰克 · 韦尔奇与企业文化

韦尔奇这段话表达的意思是：企业就像一辆高速列车，如果想快一点，你加一点马力、加点油门就行了；但是如果想持续高速前进，必须依托什么？——铁轨。企业就是列车，而文化就是铁轨。我们的车性能再好，没有铁轨也是跑不起来的，而文化就是铁轨。

管理大师彼得 · 德鲁克对文化有一句非常精辟的概括，他说：没有文化的企业也就没有灵魂。把文化上升到了灵魂的层面（见图 1–27）。

没有**文化**的企业
也就没有**灵魂**。

图 1–27　彼得 · 德鲁克与企业文化

我们一起来回顾一下：人都是环境的产物，必然会受环境的影响；文化环境是环境的一部分，它会对我们的思维和行为方式产生巨大影响；而企业文化是企业的灵魂所在，它决定了企业的未来走向和命运（见图 1–28）。

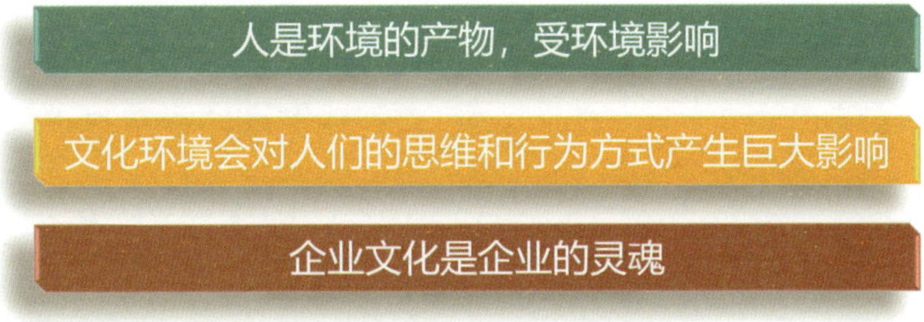


图 1–28　企业环境的作用和影响

# 第二章 什么是企业文化

## 第一节 什么是文化

理解了文化的作用和影响，我们一起来探讨一下，什么是企业文化？

大家觉得什么是文化？其实每个人对文化都有一些理解，但却不尽相同。我们看看这些是不是文化。比如，正道直行是不是文化？春节放鞭炮是不是文化？为了业绩冲刺做一个宣誓，是不是文化？开会之后把椅子归位，是不是文化？雷锋精神是不是文化？再如，颁奖、吃饺子这些是不是文化？先敲门后进门、祭祖……这些是不是文化（见图 2–1）？

| | | | | | |
|---|---|---|---|---|---|
| 正道直行 | 春节放鞭炮 | 庄严宣誓 | 椅子归位 | 雷锋 | |
| 热力学 | 划龙舟 | 开会不准带手机 | 先敲门后进门 | | |
| 取花名 | 诚信 | 密室逃脱游戏 | 爱国主义 | 六大纪律 | |
| 初一不用剪刀 | 中秋节 | 祭祖 | 办公室挂名“桃花岛” | | |
| 起龙仪式 | 迟到罚款 | 藏区过冬捐赠 | 屈原 | 看春晚 | |
| 孔融 | 服务之星 | 花名需报批 | 入职典礼 | 创新 | |
| LOGO、徽章 | 感恩 | 先到为赢 | 唱司歌 | 勤俭节约 | |

图 2–1　文化现象汇总

我们看到这么多，姑且称为“文化现象”吧。我们看的时候觉得好像是文化，但是仔细一想，这是文化吗？是与文化相关的其他东西吗？与文化是什么关系？是否有一种雾里看花，似是而非的感觉？

我们举几个例子。有人知道热力学三大定律吗？热力学三大定律包括什么，尤其是第二定律熵增，十年前很多人会说，如果您不懂熵增的话，您就是没文化（见图 2–2）。如果有人能准确说出热力学三大定律，其他人是不是会用仰慕的眼光看着他，然后说一句：“您懂得真多，真有文化！”当我们说“真有文化”的时候，其实想表达什么意思？是指知识渊博。我们其实是把知识和文化连在一起用。

图 2-2　热力学三大定律

再比如说先敲门后进门。如果有人不敲门直接闯进来了，我们会说：“真粗鲁，没文化！”这种情况下的文化是指什么？是指礼貌、礼仪。我们是把礼仪和文化连在一起用的（见图 2-3）。

图 2-3　文化礼仪

那么，问题来了，如果一个懂热力学的博士，没敲门就进来了，他是有文化还是没文化呢？

我们经常讲中秋节是文化节日，其实，是把节日和文化连在一起用（见图 2–4）。

图 2–4　文化节日

祭祖是中国几千年沿袭下来的习俗，我们叫文化传统（见图 2–5）。

图 2–5　文化传统

以上几个例子，包含了文化知识、文化节日、文化礼仪、文化传统，是不是文化？它们与文化之间有什么关系？是文化的一部分吗（见图 2–6）？

图 2–6 文化知识、文化节日、文化礼仪、文化传统与文化的关系

我们看到的这些都是现象。要想真正了解文化是什么，就得看看它的本质。而认识任何事物的本质，都要用到一个工具——内容与形式，这是哲学里面的一对基本范畴（见图 2–7），它可以用来了解、分析事物到底是什么。

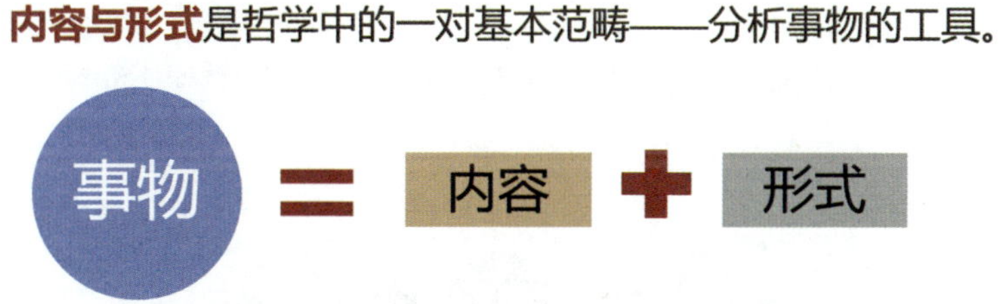


图 2–7 内容与形式是分析事物的工具

那么什么是内容呢？内容就是构成事物一切内在要素的总和（见图 2–8）。

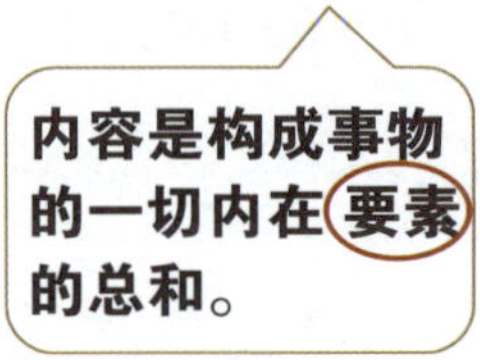


图 2-8　内容的定义

什么是形式呢？形式就是要素之间的结构，所以看事物还要看结构（见图 2-9）。这个结构其实就是要素之间的关联。

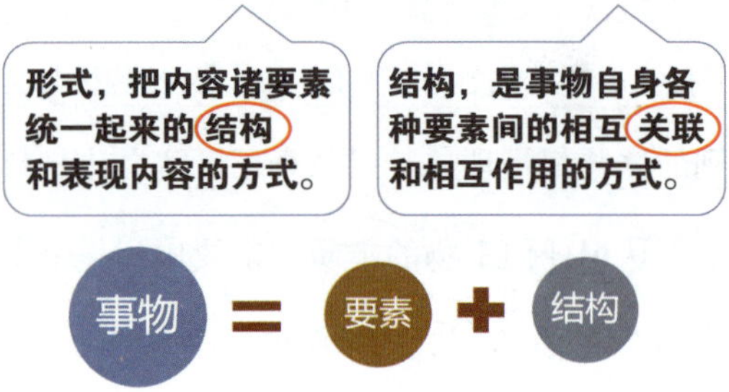


图 2-9　形式的组成

比如水，它的组成要素是什么？准确的说法是氢元素和氧元素。水的化学式是什么？ $H_2O$。两个氢原子和一个氧原子相结合构成了水（见图 2-10）。

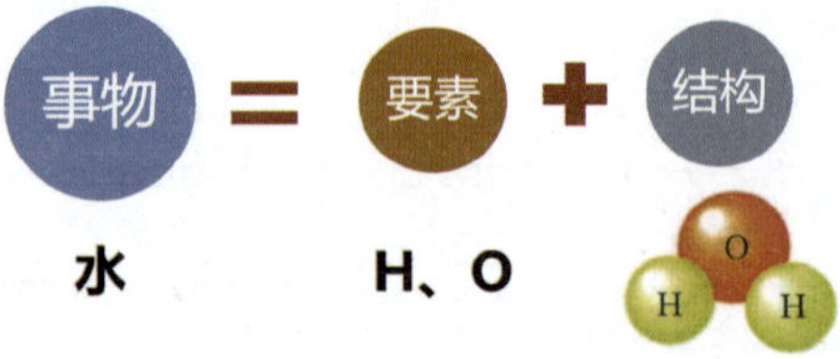


图 2-10　水的结构组成

这就是认识事物时，要知道它的要素是什么和结构是什么。所以我们看待文化的时候，同样要看它的要素是什么、结构是什么。

很多专家学者对文化的要素和结构是有研究的。比如说荷兰组织人类学和国际管理学教授霍夫斯塔德曾说：文化是由符号系统、英雄人物、礼仪和价值观构成的（见图 2–11）。

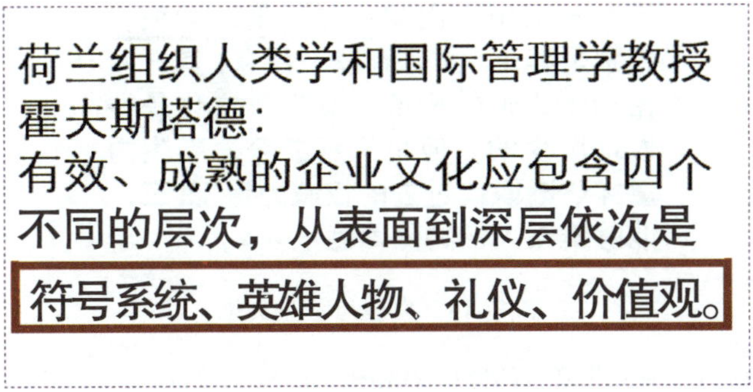


图 2–11　霍夫斯塔德与企业文化

我们先不作评判，把它放在这儿（见图 2–12）。

图 2–12　霍夫斯塔德对企业文化要素的概述

美国企业文化大师特伦斯 · E. 迪尔指出文化是由企业环境、价值观、英雄人物、仪式和文化网络构成的（见图 2–13）。

**美国企业文化大师特伦斯·E. 迪尔把企业文化整个理论系统概述为 5 个要素，即企业环境、价值观、英雄人物、仪式和文化网络。**

图 2–13　特伦斯·E. 迪尔与企业文化

法国著名学者卢梭指出文化就是风俗和习惯（见图 2–14）。

**法国著名学者卢梭在他的《社会契约论》一书中指出文化是风俗、习惯，特别是舆论。文化有以下特点，其一，铭刻于人们的内心；其二，文化是慢慢地诞生的，但每天都能获得新生力量并逐渐取代过去的权威力量；其三，能够维系人们的法律意识。**

图 2–14　卢梭与企业文化

卢梭对企业文化要素的概括（见图 2–15）。

文化要素

符号系统　英雄人物　礼仪　价值观

企业环境　价值观　英雄人物　仪式　文化网络

风俗　习惯

图 2–15　卢梭对企业文化要素的概述

我们来看看这三个学者的观点一样吗？存在即合理，我们把他们的观点总结归纳一下，看看能不能找到一些规律。其中两位是不是都提到了价值观？我们把价值观视为文化的一个要素，先放在这。还有仪式，对不对？这个好理解，我们也把它放在这儿，作为文化的一个要素。还有风俗，风俗是什么？风俗就是我们在特定的时间会做的特定行为。仪式是不是也是特定的行为？所以，仪式、风俗背后都隐含特定的行为，也就是某种活动。我们把“活动”抽象出来，也视为文化的一个要素。还有习惯和礼仪，这些怎么理解？习惯和礼仪都是指我们在做某些事情的时候要遵守相应的规则。所以它本质是一些规则，我们也放在这儿。那么再看，同时提到了英雄人物，对吧？我们也把它放在这儿，视为一个要素。还有符号系统，符号系统与英雄人物一样，是非常直观可以看到的。我们把它与英雄人物放在一起，简称人物和符号。还剩下企业环境，这个环境是文化的要素吗？答案是否定的，文化就是一种环境？文化网络听起来同义反复了，我们暂且不管。

所以，文化的要素，从三位学者的观点中我们总结归纳五个要素：价值观、活动、仪式、规则、人物符号（见图 2–16）。

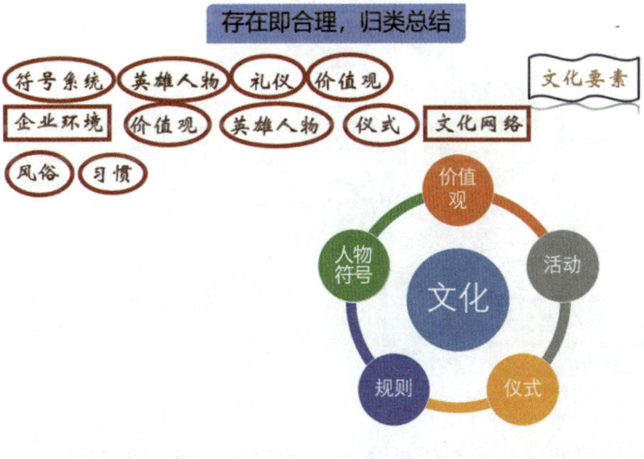


图 2–16　霍夫斯塔德、特伦斯 · E. 迪尔、卢梭对文化的总结归纳

可能大家现在直观感受还不明显，我们前面提到了很多文化现象，现在看看能不能理清楚。我们来看这组文化现象，它们与文化要素之间到底有什么关系（见图 2–17）。

正道直行　春节放鞭炮　庄严宣誓　椅子归位　雷锋

颁奖　划龙舟　开会不准带手机　先敲门后进门

图 2–17　企业文化现象（一）

正道直行是什么？——价值观。春节放鞭炮是什么？——春节必备的一个活动。庄严宣誓，这属于什么？——仪式感非常强。椅子归位——规则。雷锋——人物。

大家来试一组：颁奖是什么？——仪式。划龙舟——端午的活动。开会不准带手机——规则。先敲门后进门——也是规则（见图 2–18）。

图 2–18　企业文化现象（一）与文化要素之间的关系

我们看下一组（见图 2–19）。

图 2–19　企业文化现象（二）

取花名是什么？——花名是个符号，取花名是个活动。诚信是什么？——价值观。密室逃脱游戏——这也是活动。爱国主义——属于价值观。六大纪律——规则。

再看下一组。

初一不用剪刀——规则。吃饺子——是一个活动。祭祖——仪式。办公室挂名“桃花岛”——符号（见图 2–20）。

图 2–20　企业文化现象（二）与文化要素之间的关系

再看下一组（见图 2–21）。

起龙仪式　迟到罚款　藏区过冬捐赠　屈原　看春晚
孔融　服务之星　花名需报批　入职典礼　创新

图 2–21　企业文化现象（三）

起龙仪式——仪式。迟到罚款——规则。藏区过冬捐赠——活动。屈原——人物符号。看春晚——活动。孔融——人物符号。服务之星——人物符号。花名需报批——规则。入职典礼——仪式。创新——价值观（见图 2–22）。

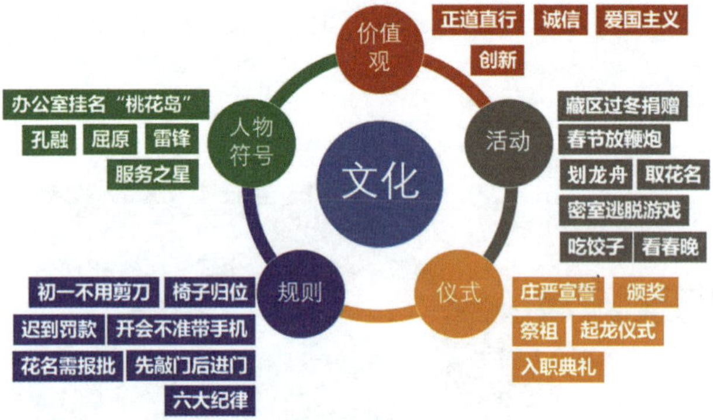


图 2–22　企业文化现象（三）与文化要素之间的关系

接下来看下一组（见图 2–23）。

LOGO、徽章　感恩　先到为赢　唱司歌　勤俭节约

图 2–23　企业文化现象（四）

LOGO、徽章——人物符号。感恩——价值观。先到为赢——

规则。唱司歌——仪式。勤俭节约——价值观（见图 2–24）。

图 2–24　企业文化现象（四）与企业文化要素之间的关系

我们之前看到那么多错综复杂的文化现象，是不是有一种雾里看花、似是而非的感觉？现在顿时感觉豁然开朗、非常清晰。因为我们非常顺利地把它们放在了文化这五种要素里面。

所有文化现象，其实都可以归为这五个要素，大家可以尝试分析更多的文化现象（见图 2–25）。

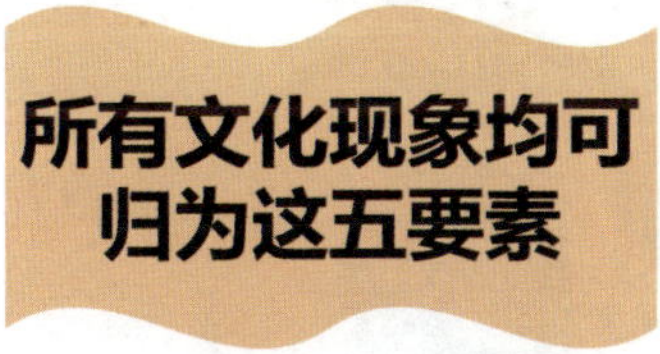


图 2–25　所有文化现象都可归为五要素

那是不是任何文化现象都同时包含这五个要素？这么想有点抽象，我们举个例子。这么多文化现象里面哪些是与端午节相关的？

屈原、划龙舟、吃粽子、起龙仪式。还有什么？我们发现这里面有划龙舟、起龙仪式。比赛的时候划龙舟先到为赢，然后屈原以及爱国主义，这都是与端午节相关的（见图 2–26）。

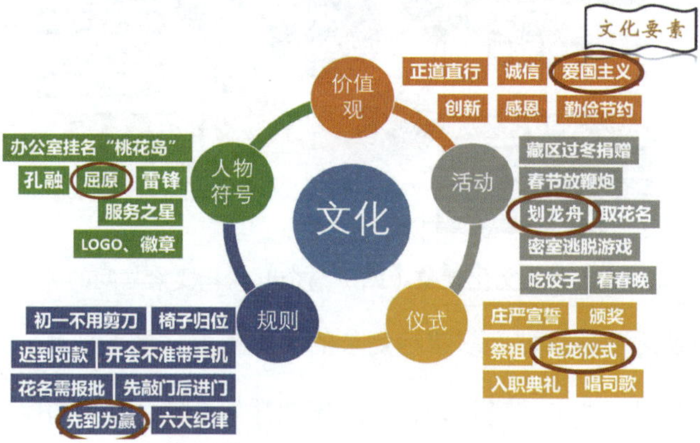


图 2–26　端午节和五要素的关系

我们看端午节文化现象，五个要素都齐备（见图 2–27）。

图 2–27　端午节五要素齐备

端午节五种要素齐备，其他文化现象也这样吗？

我们以中秋节为例，中秋节也被列为非物质文化遗产。我们来看看中秋节这五个要素是否齐备。一想到中秋节肯定会想到吃月饼、祭月。还有赏月和玩花灯。还有一些地方有赏桂花、饮桂花酒这些活动。有没有规则？有的。这里面有个规则，可能已经被大家遗忘了，比如，祭月的时候有一个讲究是男不拜月、女才拜。玩花灯也有一定的规则。有没有仪式？吃个团圆饭。这也是现代的仪式。以前，比如说皇家是有专门的仪式的，现在北京月坛这个建筑物就是皇家为了祭月专门建造的。人物符号有没有？嫦娥，还有谁？嫦娥奔月、吴刚伐桂，还有玉兔捣药。中秋弘扬的价值观是什么？大家能想到的是团圆，其实还有一个，是感恩，因为中秋节是收获的季节，春种秋收（见图 2–28）。

图 2–28 中秋节和五要素的关系

大家看中秋这种文化现象，是不是也是五种文化要素都具备（见图 2–29）？

**中秋——五种文化要素均具备**

图 2–29　中秋五种文化要素具备

我们总结一下，文化包含五个要素：价值观、活动、仪式、规则、人物符号。而且是任何文化现象都包含这五种要素的（见图 2–30）。

文化包含**五要素**：

**价值观、活动、规则、仪式、人物符号**

**任何文化现象都包含**这五要素

图 2–30　文化现象与五要素的关系

前文中我们介绍的都是文化要素，接下来我们进一步了解它的结构。结构就是要素之间的关联关系。结构非常重要，它决定了事物的性质（见图 2–31）。

结构决定了
事物的性质

图 2–31　结构决定事物性质

由图可知第一种物质是金刚石，第二种物质是石墨，第三种物质是石墨烯。我们看同样是碳单质，结构不一样，就是不同的物质（见图 2–32）。

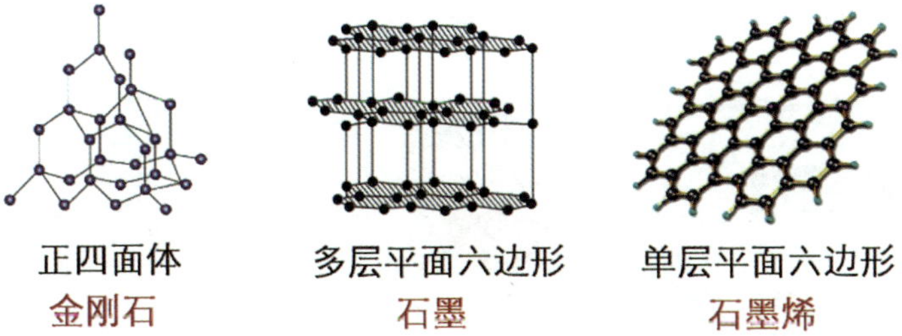


图 2–32 同样是碳单质，结构不一样形成不同物质

所以我们在认识文化的时候，一定要把它的结构了解清楚，才好深入理解文化。

结构就是要素之间的关系。文化有五个要素，它们是两两都有关系，还是有的有关系有的没关系？如果有关系的话，是同一个层面的关系，还是非同一层面的关系（见图 2–33）？

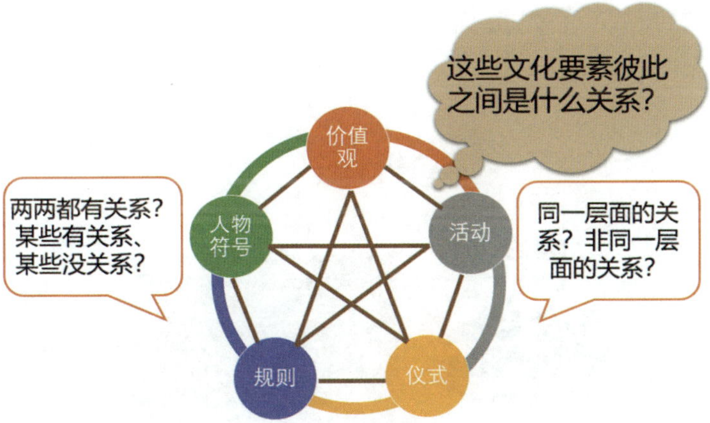


图 2–33 文化各要素之间的关系

我们这么想太抽象，还是以端午节为例来分析一下（见图 2–34）。

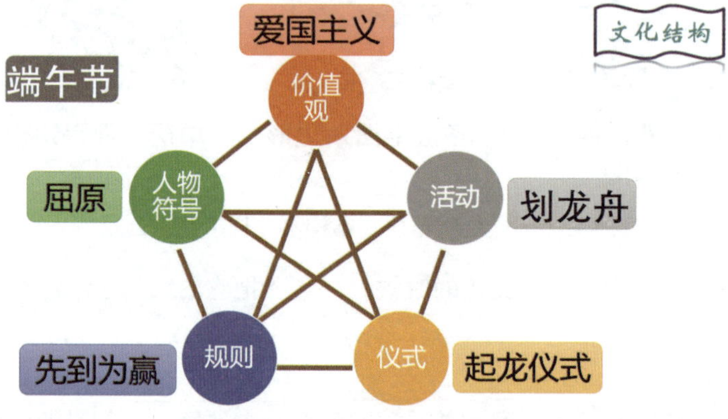


图 2–34　端午节各文化要素

只要提起端午节，我们最先想到的是什么？吃粽子、划龙舟对不对？这些都属于端午节的活动。如果不吃粽子、不划龙舟端午节似乎过得没有感觉（见图 2–35）。

图 2–35　端午节文化活动

提到春节，大家最先想到的是什么？一定是吃饺子、放鞭炮，还有贴春联（见图 2–36），这些都属于春节的活动。如果不吃饺子、不放鞭炮，就没有年味儿了。

图 2–36　春节文化活动

所以，我们看到，文化其实是以活动为中心的（见图 2–37）。假如说这些活动都没有了，春节和端午节也就失去了节日真正的意义。文化以活动为中心，文化没了活动就等于没了生命。而这个活动实际上就是我们为了达到某个目的而采取的一系列行动。

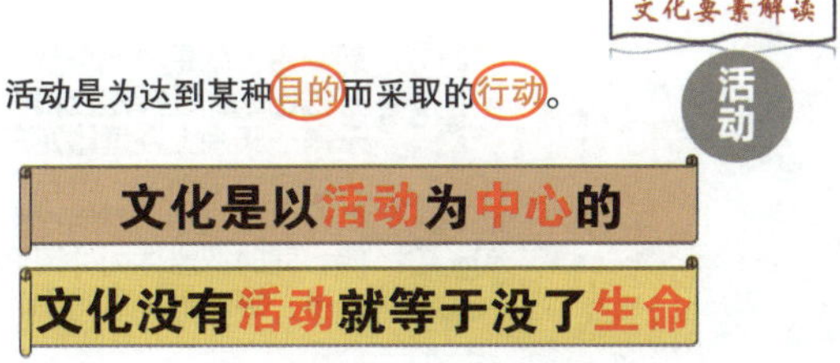


图 2–37　文化以活动为中心

活动是我们最容易想到的。我们就围绕活动这个要素来看看它与其他四个要素有没有关系。

我们先来看仪式和活动有没有关系（见图 2–38）。

图 2–38　仪式和活动的关系

在座的有没有来自广东或者福建的？划龙舟在广东和福建还有很多地方是沿袭着这一习俗的，包括起龙、游龙、竞赛、收龙四个环节。我们先说收龙，就是每年赛完龙舟之后要把龙船埋到河泥下面保存起来，这叫收龙。第二年端午节之前，再把它挖出来，叫起龙，见图 2–39~ 图 2–41。起龙有一个非常正式的典礼，是在端午节前选良辰吉日，拜土地神明、祭拜鸣炮，然后把龙船起出来。

图 2–39　起龙仪式之一

由图 2-39 ~ 图 2-41 我们可以看到这是祭祀，请龙头然后起龙船，大家一起到河里把龙船挖出来。

图 2-40　起龙仪式之二

图 2-41　起龙仪式之三

图 2-42　起龙仪式之四

所以我们看到仪式是与活动相关的？而且是活动里面的一个重要环节。其实仪式指的是活动的秩序形式（见图 2–43）。我们通俗一点说，仪式的好处就在于让人们进入某个特定情境，有入戏的效果，让人参与感非常强，觉得我就是其中的一员。所以我们经常说：生活需要仪式感，就像平凡的日子需要一束光。

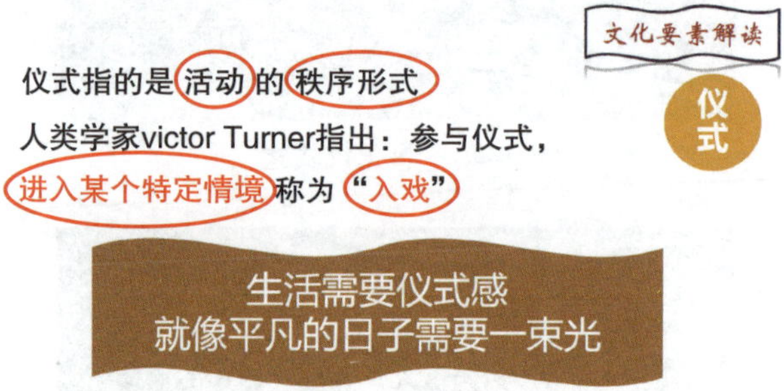


图 2–43　起龙仪式与活动相关

《小王子》（见图 2–44）里面小狐狸和小王子关于仪式也有一段非常简单但又很深刻的对话。小王子问：“仪式是什么？”狐狸回答说：“它就是使某一天与其他日子不同，使某一时刻与其他时刻不同。”让人记忆深刻，区别于其他时间、其他场景。

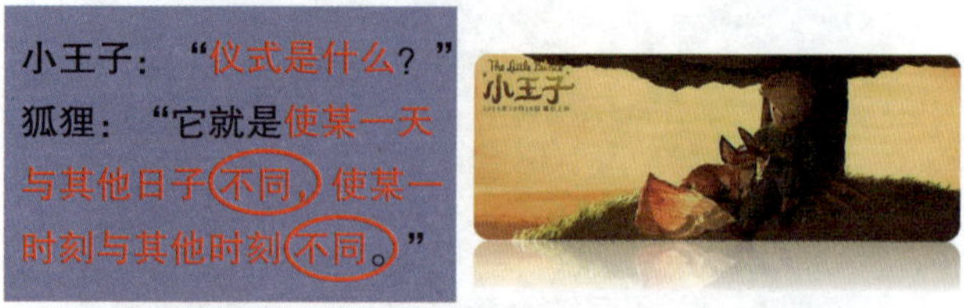


图 2–44　小王子

所以我们说，仪式与活动肯定是有关系的（见图 2–45）。

图 2–45　仪式与活动的关系

那么再看规则和活动有没有关系（见图 2–46）。

图 2–46　规则与活动的关系

先到为赢是划龙舟的规则之一。我们说划龙舟规则非常多，比如说船的形状，到达先后顺序，甚至一定要在划船的时候敲锣才行等（见图 2–47）。

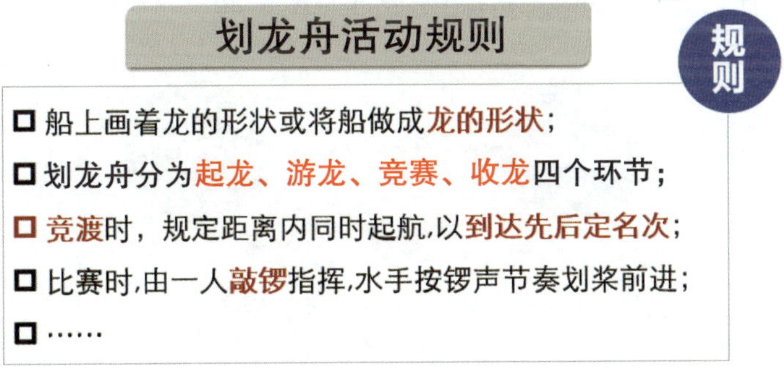


图 2–47　划龙舟活动规则

规则好理解，目的是把活动固化下来，让人们知道遵守什么样的规则来组织和开展这个活动（见图 2–48）。比如我们组织任何一个活动，新员工入职典礼或者集体登山活动，是不是都要遵守相应的规则？

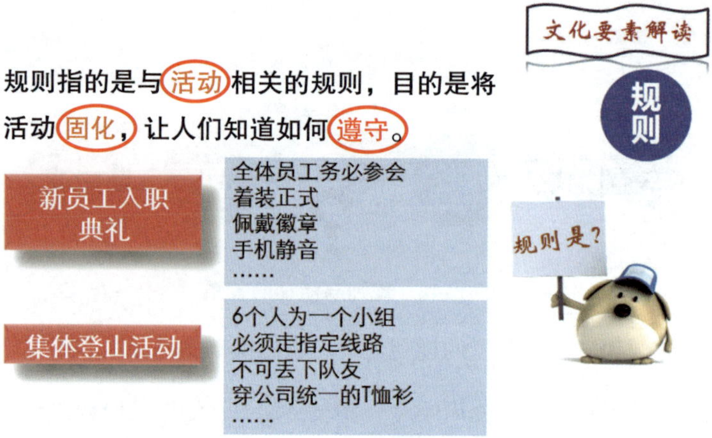


图 2–48　规则解读

所以，规则和活动是有关系的（见图 2–49）。

图 2–49　规则和活动的关系

再看人物符号和活动有没有关系（见图 2–50）。

图 2–50　符号和活动的关系

屈原和划龙舟有没有关系？划龙舟是为了纪念屈原。传说屈原投江自尽，楚国人争相划船去救他，以后每年的五月初五就会划龙舟来纪念屈原，所以他是这个活动中的一个核心人物（见图 2–51）。

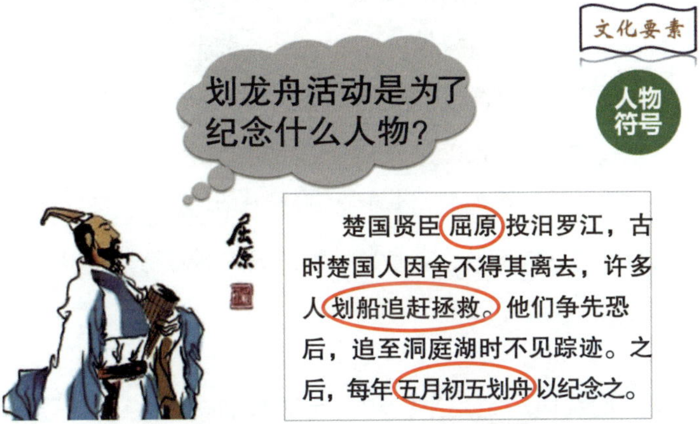


图 2–51　划龙舟纪念屈原

我们刚才讲到人物和符号，首先讲人物。人物往往是在活动中脱颖而出的，或者这个活动是因为他而产生的（见图 2–52）。

文化要素解读

人物符号

**英雄人物是价值观的践行者和引领者，借助活动脱颖而出或因英雄人物而产生一系列活动，可以给人们带来更多的触动以及对于价值观的认同。**

图 2–52　人物在活动中产生

比如说划龙舟活动就是因为屈原而产生的。此活动的目的是让人们对于价值观更加地认同，比如学习雷锋好榜样，现在雷锋已经变成一种奉献精神的代表。我们说人有奉献精神的时候，都说你是“当代的活雷锋”（见图 2–53）。

图 2–53　雷锋是奉献精神的代表

我们再讲一讲符号，它是另一种形式的标志物，有很多信息蕴含在里面（见图 2–54）。

**符号是人们共同约定用来指称一定对象的标志物，符号是信息的外在形式或物质载体。**

图 2–54　符号是另一种形式的标志物

很多企业都有 LOGO、吉祥物等。比如看到企鹅就会想到腾讯（见图 2–55）。

图 2–55　腾讯的标志物

图 2–56 就是成都腾讯大厦一楼的“鹅厂”，非常壮观，看到企鹅就会联想到腾讯。

图 2–56　成都腾讯大厦

所以说，人物符号其实也是与活动相关联的（见图 2–57）。

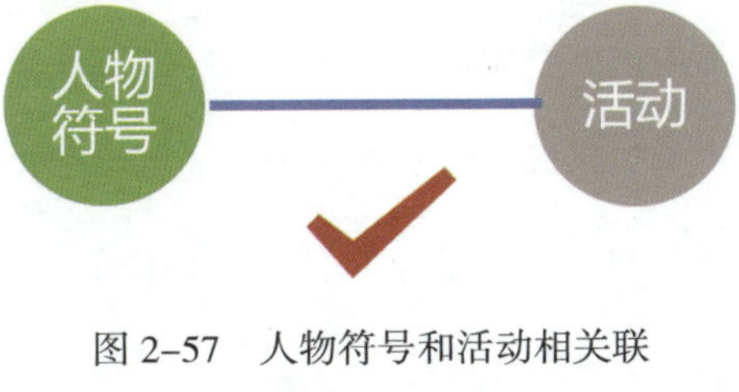


图 2–57　人物符号和活动相关联

我们再看看价值观和活动有没有关系（见图 2–58）。

图 2–58　价值观和活动的关系

答案是肯定有关系，我们都知道划龙舟为的就是弘扬爱国主义精神（见图 2–59）。

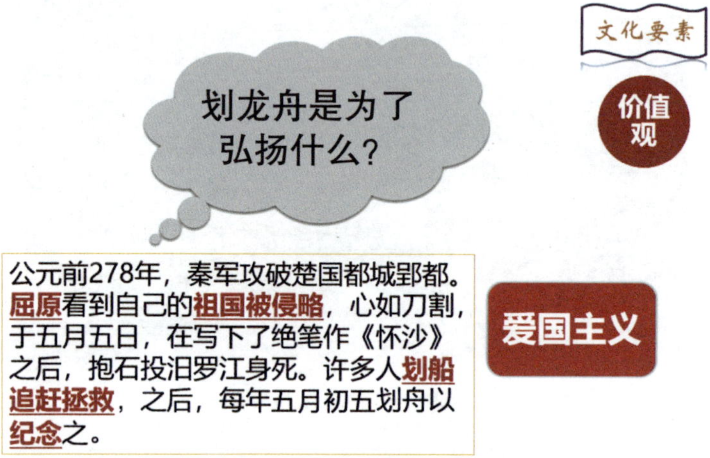


图 2–59　划龙舟是弘扬爱国主义

价值观，简单讲就是应该做什么、不应该做什么，它是区分好与坏、对与错、善与恶以及美与丑的观念的总和。我们前面提到活动是为了达到某个目的，而这个目的，就是价值观。平等、自由、民主等都是价值观（见图 2–60）。

文化要素解读

价值观

**价值观是人们关于应该做什么和不应该做什么的基本观点，是区分好与坏、对与错、善与恶、美与丑等的总观念。**

**活动是为达到某种目的而采取的行动。**

图 2–60　价值观解读

所以我们说，价值观和活动之间也是有关系的（见图 2–61）。

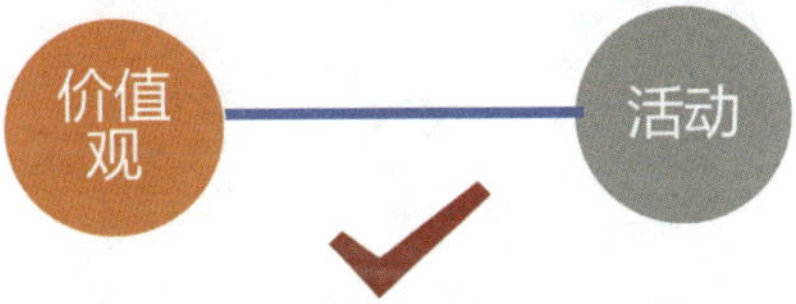


图 2–61　价值观和活动的关系

我们刚刚介绍的是以活动为中心，阐述价值观和活动之间的关系，现在我们以价值观为核心，看看价值观和仪式有没有关系（见图 2–62）。

图 2–62　价值观和活动仪式的关系

起龙仪式和爱国主义有关系吗？其实划龙舟有起龙仪式，因为我要划龙舟，我要收龙舟，收龙舟后我要再把它起出来，这是因为划龙舟而产生的一个仪式，它与爱国主义本身没有直接关系（见图 2–63）。

图 2–63　起龙仪式和爱国主义无关联

再看规则和爱国主义有关系吗（见图 2–64）？

图 2–64　规则和价值观的关系

先到为赢和爱国主义有关系吗？也没关系（见图 2–65）。

图 2–65　先到为赢和爱国主义无关联

我们再看，人物符号和价值观有关系吗（见图 2–66）？

图 2–66　人物符号和价值观的关系

屈原和爱国主义还是有关系的（见图 2–67）。

图 2–67　屈原和爱国主义相关联

再换一个角度，我们以仪式为中心，看规则和仪式是否有关系（见图 2–68）。

图 2–68　规则和仪式的关系

先到为赢和起龙仪式有关系吗？没什么关系（见图 2–69）。它是划龙舟这个活动的规则。

图 2–69　先到为赢和起龙仪式无关联

屈原和起龙仪式，人物符号和仪式有关系吗（见图 2–70）？

图 2–70　人物符号和仪式的关系

答案是没关系（见图 2–71）。

图 2–71　人物符号和仪式无关联

再看规则和人物符号有关系吗（见图 2–72）？

图 2–72　规则和人物符号的关系

答案是也没关系（见图 2–73）。

图 2–73　规则和人物符号无关联

刚才错综复杂的关系经过简化如图 2–74 所示。

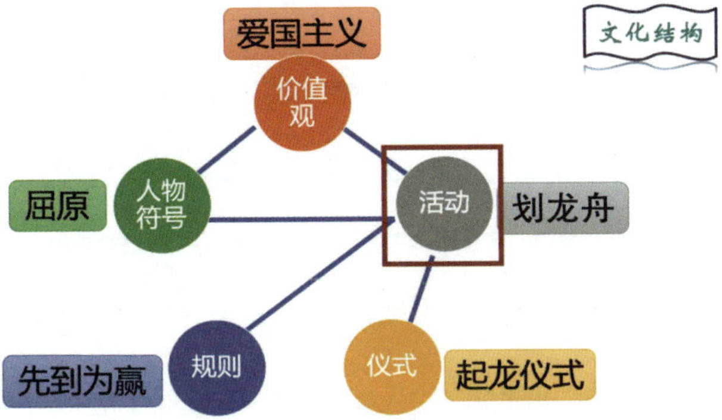


图 2–74 简化后的文化结构

我们发现活动与其他四个因素都有关系，这也揭示了企业文化五要素中活动是中心。

企业文化的目的其实是实现某一种价值诉求或者价值观。但是价值观通常是很抽象的，它不容易被接受和理解。所以，我们必须借用一定的工具和方法来达到这个目的，这个方法就是组织活动让大家接受价值观（见图 2–75）。

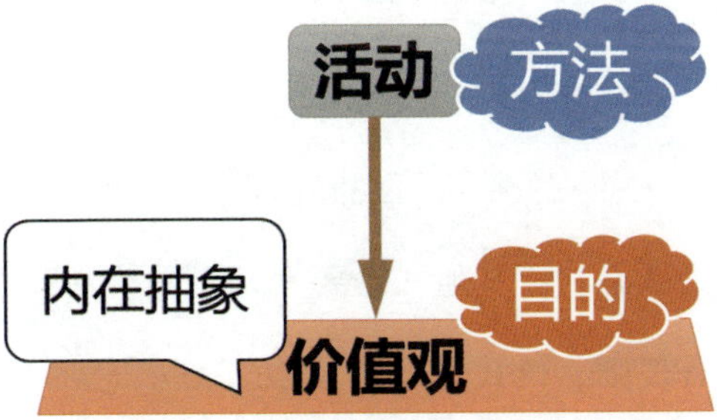


图 2–75 活动是实现价值观的工具

活动之所以容易被接受，是因为它是非常鲜活的、生动的、容易理解和被接受的。组织活动是要遵守一定规则的。规则就是明确活动里面你能做什么、不能做什么、先做什么、后做什么等。另外，活动的仪式是为了让我们参加这个活动更有庄重感、仪式感。活动组织过程当中，还会产生相应的人物或者符号，它起到的是标杆和榜样的作用，非常生动，容易被接受。大家看文化五要素之间的关系是不是被梳理得清晰明了（见图 2–76）。

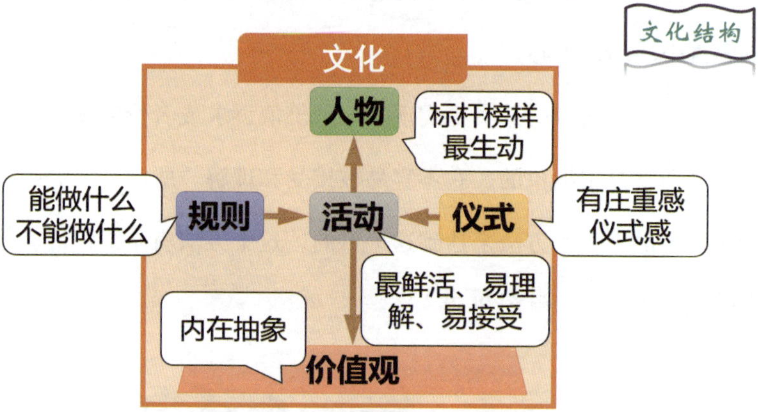


图 2–76　五要素之间的清晰关系

我们看第一层关系是价值观和活动——活动是为了实现价值观。第二层关系是——其他三个要素都是围绕活动的。为了实现活动，需要有规则、仪式、人物等。这就构成了一个完整的文化体系。

# 第二节 文化相关概念区别和联系

为了认识文化，先了解文化的五要素（见图 2–77）。

图 2–77 文化五要素

然后我们理顺了这五要素之间的关系（见图 2–78）。

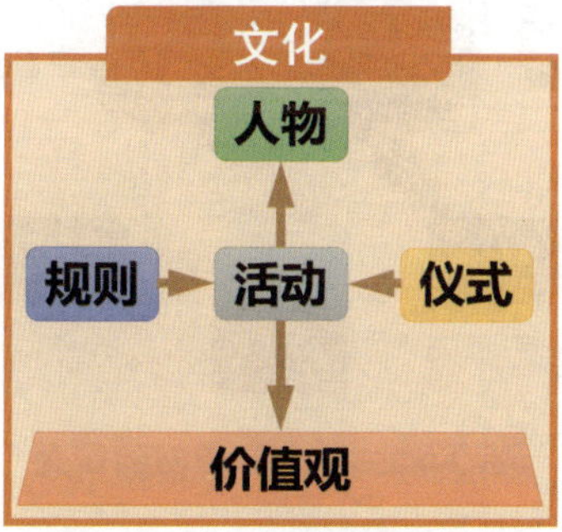


图 2–78 文化结构关系

从内部视角看，我们现在对文化的认识是完整的。但是，通常我们认识一个事物，除了它的要素和结构，还应该从另外一个角度来认识它，那就是拿它与相似的事物来比较一下，通过比较认识到这个事物的本质是什么（见图 2–79）。

图 2–79　认识事物还要与相类似的事物相比较

与文化相类似的东西，如道德、法律、制度、族规、习俗、习惯、本能，它们与文化是什么关系（见图 2–80）？

图 2–80　与文化类似的概念

有人说，老师我刚把文化弄明白，又讲这么多概念，又懵了。我们带大家一起来看看，这些概念与文化之间是什么关系。这个部分非常重要，它对于我们理解文化的本质和运用文化有重要作用。

我们先来看看这几个概念的含义是什么（见图 2–81）。法律就是国家强制实施的，规定你能做什么、不能做什么。制度是在一个组织中共同遵守的一些行为准则。道德是人们的行为准则，只不过它跟法律不一样，不是强制实施的。习俗是我们流传下来的，它具有一定的区域性，是一种意识行为的准则。文化是化成天下的意思，就是要规范天下人的行为。习惯是我们长时间养成的生活方式或者规则。本能也是一种思维和行为方式，只不过不用学就会。

| | |
|---|---|
| 法律 | • 由国家制定或认可并以国家强制力保证实施的规范体系，规定公民在社会生活中可进行的事务和不可进行的事务 |
| 制度 | • 要求成员共同遵守的规章或行为准则 |
| 道德 | • 人们共同生活及其行为的准则和规范，道德通过社会的或一定阶级的舆论对社会生活起约束作用 |
| 习俗 | • 有一定流行范围，一定流行时间或流行区域的意识行为 |
| 文化 | • 观乎人文，以化成天下 |
| 习惯 | • 积久养成的生活方式 |
| 本能 | • 指本身固有的、不学就会的思维和行为方式 |

图 2–81　文化概念的含义

我们来找一下这几个概念之间的共同点。那就是约束性。这几个概念其实都是对思维和行为的一种约束工具（见图 2–82）。

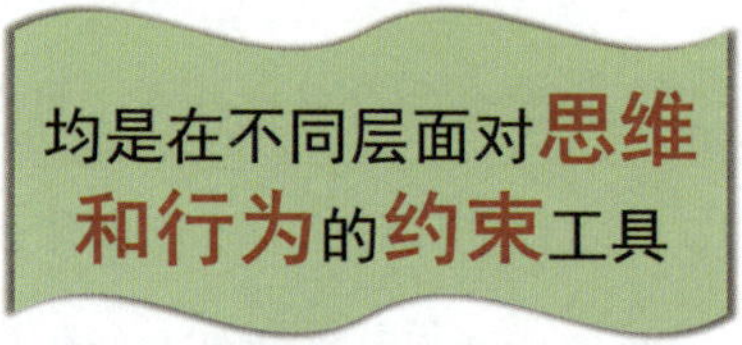


图 2–82　对思维和行为的一种约束工具

既然是约束工具，我们来看看，它们之间有什么区别呢？至少我们能分得出来，这几个概念里面有的是硬性约束，有的是软性约束。比如，法律、制度等是硬性约束，而道德、文化等是软性约束。这是约束方式不一样。

同时它们的约束范围也不太一样（见图 2–83）。比如，法律约束的是一个国家。自治条例约束的是民族。族规约束的是一个大的家族或者族群。制度约束的是企业或者其他组织。任何一个组织里面都要有制度。好，我们再看看这些软性约束，道德，通常在哪个层面？国家或者民族。习俗，通常是在民族、族群。文化覆盖的面比较广，民族的、族群的或者组织的、家庭的都会有。习惯，通常在族群、组织或者家庭以及个人。本能，通常是针对个人的。

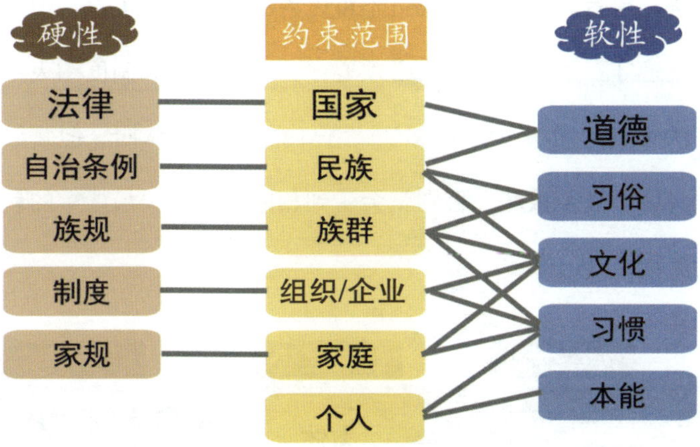


图 2-83 不同的约束范围

由此我们看到这几种约束工具的约束方式不太一样，并且约束范围也不太一样（见图 2-84）。

图 2-84 约束方式和约束范围不一样

除了约束方式和约束范围不同之外，还有其他不一样的吗？

关于约束可以分为三个层面：国家社会层面的、族群组织层面的以及家庭和个人层面的。我们说它们都是对人进行约束的，但是约束人的什么？约束人到什么层面？我们来比较一下。

法律和制度，通常只能约束到肉体层面、身体层面，怎么讲？

一部法律或者制度颁布，我可不可以内心不认同？可以。但是我能不能不遵守？不能！每个人必须遵守。所以法律和制度约束不到内心，法家有句话叫“法不诛心”，你内心可以不认同，但是你行为上、肉体上必须服从，否则就会受到相应的惩罚，最严重的就是刑罚（见图 2–85）。

图 2–85　法律和制度约束到肉体层面

我们再看道德、习俗、文化，它们约束到哪个层面？心灵？我们再对它进行细分，它是约束人们的心智层面的（见图 2–86）。这是什么意思？我们的内心是认同和接受这些观点的，这种认同和接受是自然而然的。

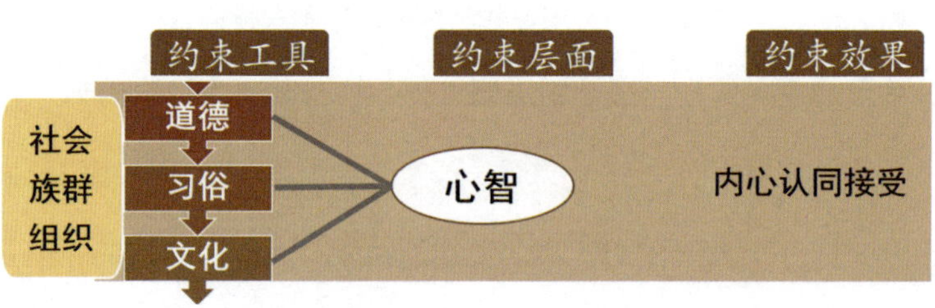


图 2–86　道德、习俗、文化约束到心智层面

我们个人虽然受这些约束，但有可能我们根本感受不到这种约

束力。只有在一种情形下，我们才会意识到原来我们是受约束的，那就是我们的习俗跟别人的习俗作对比、发现不一样的时候，我们才意识到有不同的约束（见图 2–87）。

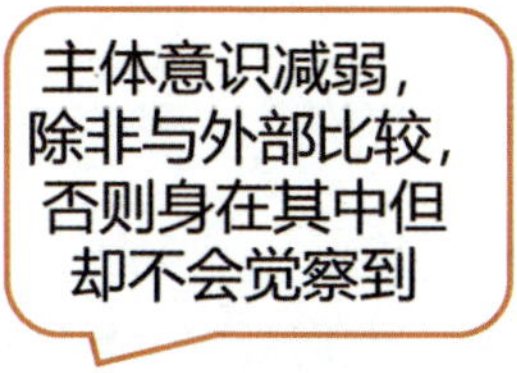


图 2–87 与外部比较才知受不同的约束

比如，我从小就认为大年初一是必须吃饺子的，但是南方很多地方不吃饺子，对比之后我发现有冲突了，于是意识到原来我们受不同的风俗约束。

再看习惯，它的约束层面是从心智到了人的潜意识，又加深了一步。这是什么意思？当人形成一种习惯时，人会成为环境的一部分（见图 2–88）。

图 2–88 习惯使人变成环境的一部分

人是生活在环境里面的。当人形成某种习惯时，他就成为别人环境的一部分。环境有约束作用。所以人一旦形成某种习惯就有了对他人的约束作用（见图 2–89）。

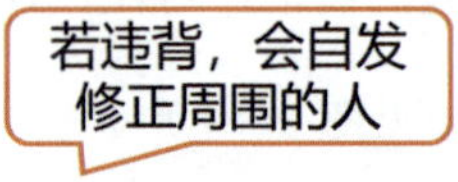


图 2–89　习惯使人形成约束作用

比如，我的习惯是必须要随手关门，如果有一个人不随手关门，我会跟他说麻烦您把门给带上。我是不是成了约束别人的一种力量？有这个习惯的时候，我们会成为环境的一部分，会带这种约束的力量。

本能约束是人的什么层面？这是到基因的层面了。到基因层面意味着可以基因遗传、与生俱来的，不需要任何外力影响就有这种约束作用存在（见图 2–90）。

图 2–90　基因本身有约束作用

所以我们看任何事物产生的时候，包括任何思维观念，它都会经历一个从不被接受到接受的过程（见图 2–91）。

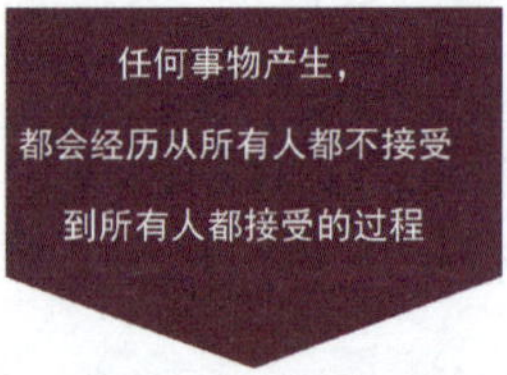


图 2–91　事物的产生经历从不接受到接受的过程

我们提到的七个工具约束层面不一样，约束力的来源也就不一样。这个约束的力量是从哪来的呢？

我们看法律、制度的约束力来自哪儿？国家，是军队、警察、监狱等这一系列做支撑。它是有强有力的外部约束的。道德、习俗、文化的约束力来自哪儿？是外部还是内部？也是外部的。但这种约束力是潜移默化、润物细无声的。当我们违背这三者的时候，会受到道德谴责、批评等，这是软性的约束，没有强制的约束。

我们再看习惯和本能，约束力来自哪里？来自内部。如果违背的话，不需要外部力量，我们会批评自己，会自我反省，然后修正。

这是约束力来源，从法律到本能，经历了约束力从外到内的过程。

既然要起约束作用，就要有内、外部的力量，自然要产生成本。

我们看看约束成本，用法律、制度约束成本高还是低？明显是高的，必须要用大量的财政去支撑，我们的军队、警察、监狱才能正常运行。用道德、习俗、文化约束的成本是高还是低？相对降低了些。到习惯这个层面会变成零成本。到本能这个层面，不但没有成本，还会产生收益。所以从法律到本能，约束成本经历了从高到低再到零成本甚至产生收益（见图 2–92）。

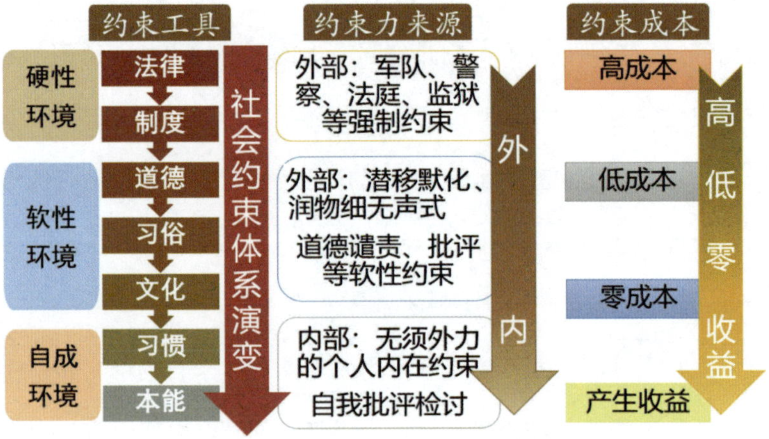


图 2–92　约束成本由高到低变化

这七种约束工具也会形成一定的环境。法律和制度形成了硬性环境；而道德、习俗、文化形成了软性环境；习惯和本能是自成环境，都感受不到的，无须任何外力。

这七种约束工具其实反映了整个社会约束体系的演变过程，从法律约束慢慢演变，一直到成为习惯、本能。

这七者都是约束行为的工具，而文化也是其中一种。但是文化这种约束工具是软性的。文化再往下就过渡到习惯了。所以它是从软性环境过渡到自我环境非常重要的一环。而且文化这种约束工具也是低成本的（见图 2–93）。

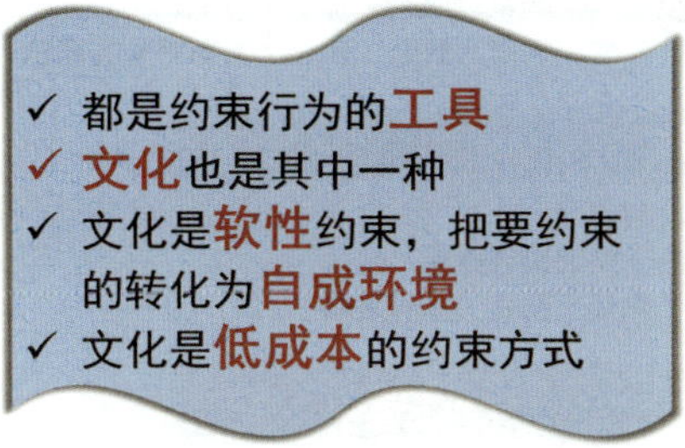


图 2–93　文化的演变过程

我们刚才通过跟其他相关概念的对比，又深入地了解了文化，那么，到底什么是文化呢？我们可以从三个角度来理解文化（见图 2–94）。

第一，从要素的角度，文化有什么要素？价值观、活动、仪式、规则、人物符号。

第二，从结构角度，文化是以活动为中心，它的目的是实现价值诉求。为了组织活动要有配套的规则、仪式、人物、符号等，这是活动要素结构。

第三，从工具的角度。文化从本质上说是一种约束工具，这种约束工具的特点是软性的、润物细无声的，它可以在人们周围形成一种软性环境，所以它的约束成本很低。

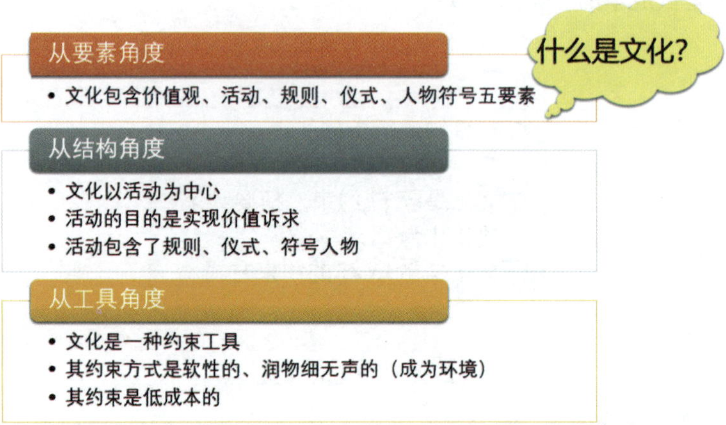


图 2–94　从要素、结构、工具三个角度解读文化

我们从以上三个角度加深了对文化的了解，而企业文化同样具备这些要素，要素之间也是这个结构关系，而且它在本质上也是一种工具，这些特性和作用也是存在的。

## 第三节　企业文化的作用

那么，企业文化到底有哪些作用呢？前面提到企业文化本身是一种环境，只要是环境都会对人有影响。同时文化也是一种工具，工具是为了解决问题。文化作为一种解决问题的工具，是可以创造出来的一种工具（见图 2–95）。

图 2–95　企业文化的作用

在企业管理过程中，岗位、薪酬、考核、流程、制度等都是我们管理的工具，都是为了让员工的行为与公司保持一致。企业文化也应该是这些工具中的一种（见图 2–96）。

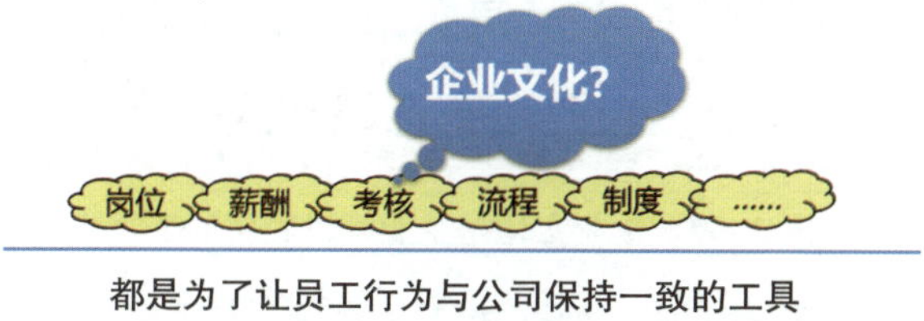


图 2–96　企业文化是为了让员工行为与公司保持一致的工具

马云曾经说：上等公司治理靠文化，中等公司靠制度，下等公司靠亲友义气（见图 2–97）。

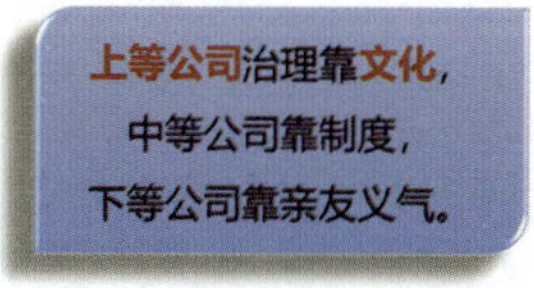


图 2–97　阿里巴巴创始人对企业文化的理解

华为创始人任正非对于文化是这么理解的：文化是生生不息的资源（见图 2–98）。

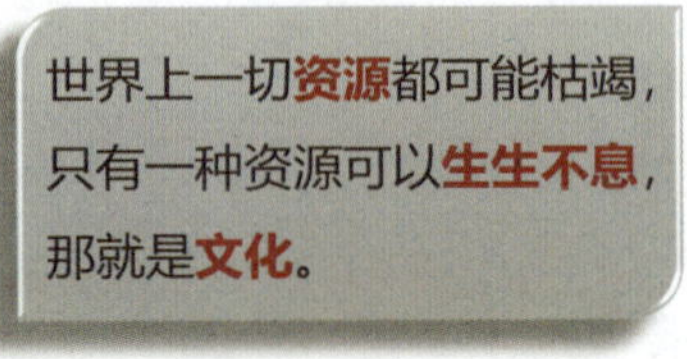


图 2-98　华为创始人对企业文化的理解

这两位优秀的企业家同时都意识到了文化是企业可以利用的工具（见图 2-99）。

图 2-99　企业文化是企业可以利用的工具

现实是，很多企业虽然在提企业文化，但是没有真正意识到文化是企业可以利用的工具。很多人对待文化是被动的，是无意识的。

360 的创始人周鸿祎是一位杰出的企业家。他可以说在某个领域也是非常成功的（见图 2-100）。他写了一本自传叫《颠覆者》。吴晓波在采访他的时候问：“您怎么理解颠覆？”他说：“自我颠覆、选择的时候，真正起作用的并不是技术或技能，最重要的其实是文化和管理。”

**吴晓波：**
你觉得对于颠覆，最重要的是什么？

**周鸿祎：**
当企业面临这种自我颠覆的选择的时候，真正起作用的并不是某一种技术或某一项技能，最重要的其实是文化和管理。

图 2–100　360 创始人对文化的理解

他对自己的反思是什么？他说：可能我过去最大的一个失误就在于忽视了文化的沉淀和打造。他觉得小公司不需要特别搞文化，为什么？因为我就是文化，企业家就是文化。他说企业应该必须要自觉地开始文化的传承和历练（见图 2–101）。

**周鸿祎：**
可能我过去最大的一个失误就是在公司高速发展的时候，忽视了文化的沉淀和打造。因为小公司不需要特别搞文化，我认为我就是文化，能够耳濡目染他人。但是当公司发展到了七八千人的时候，我和很多人已经隔了很多，所以自发的文化形成就行不通了，必须要自觉地开始文化的传承和历练，这是一个长期的工程。

图 2–101　企业需要文化的传承和历练

他给创业公司三条核心忠告，其中一条就是从企业创办的第一天起，就应该有意识地打造企业文化，不然等你产品卖得好了，企业做大了，你再补这一课会非常痛苦（见图 2–102）。这是他做 360

企业这么多年内心所感受到的。

**吴晓波：**
给创业者的忠告？

**周鸿祎：**
……第三条是从企业创办的第一天起，就应该有意识地打造企业文化。不然产品即便做成功了管理也会失控，那时候再来补这一课就会非常痛苦。

图 2–102　企业从创办之初就打造企业文化

很多企业家在创办企业的时候也忽略了这一点，没有真正意识到文化是从我们创办企业那一刻开始就要运用的工具，就要有意识地积淀。

我们可以想想企业里面有没有这些现象：

第一，公司内部开会或组织活动的时候，大家发言积极吗？通常很多人不积极，都是默默无言的，进门就坐最后一排。

第二，部门工作拖延，喜欢拖延，新员工进来学老员工，得过且过，能拖就拖。

第三，准点下班，工作可以拖但下班绝不能拖，必须要准点下班。所以很多老板也无可奈何。采用的做法只能是把工作安排在下周一，周末、晚上都不安排工作。但是实际很多工作可以等到下周一吗？不可以。但没办法，整个公司氛围就是这样不积极、拖延、下班就跑的状态。

这些现象都说明我们在被动响应文化，我们对文化是处于一种放任状态的（见图 2–103）。因为我们不知道怎么扭转，所以企业的状态没有任何改观，甚至逐步恶化。这是大部分企业的现状。

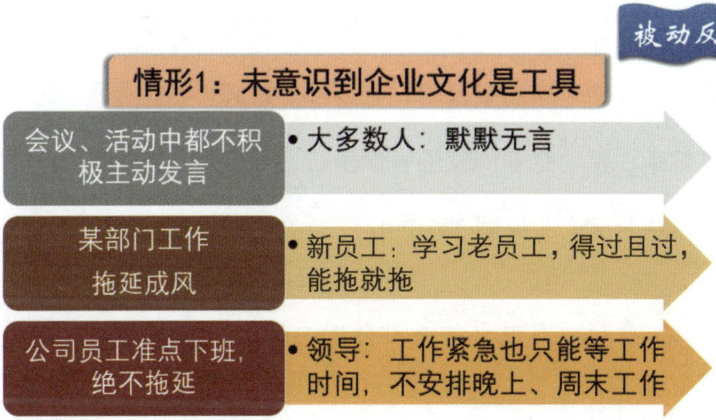


图 2–103　被动响应文化表现

另外一类企业早早意识到了文化是一种工具，而且主动利用。比如本书开篇就提到了孟母三迁的故事（见图 2–104）。孟母不辞辛苦、不厌其烦地搬了三次家，其实就是在利用环境和文化氛围对他儿子产生积极影响，这完全是主动利用。

主动利用

## 情形2：意识到企业文化是工具

图 2–104　孟母三迁典故

企业里面也有一个非常经典的案例，就是日航的逆袭。日航是日本最为重要的一家航空公司，它曾经非常辉煌，但是因为各种原因盲目扩张，整个企业的氛围官僚横行，而且员工离心离德，最终导致这家企业破产（见图 2–105）。

20世纪80年代，日航曾被誉为全世界最优秀的航空公司，声名鹊起。但由于忽视收支核算，又不断采取盲目扩张的路线，加上被外界讥讽为“比官僚还要官僚”的公司风气，员工“离心离德”，日航经营业绩持续低迷，最后，承受不了金融危机的冲击，到2010年1月，负债总额已高达2万3000亿日元，是除金融机构之外，战后日本最大的破产案件。

图 2–105　日航的窘状

它的破产给日本带来的冲击是巨大的，所以连时任日本首相的鸠山由纪夫都亲自去找经营四圣之一的稻盛和夫，这个时候稻盛和夫已经快 80 岁了，鸠山由纪夫请他亲自出山来拯救日航。

稻盛和夫采取了哪些策略拯救日航呢？首先上任就宣布三条大义，其中之一就是保住 3.2 万名日航员工的饭碗。对于领导，是编制《日航哲学手册》，而且全员推行。每月举办一期干部学习会，对各级领导人进行彻底的精神洗礼。对员工怎么办？每月开一次员工大会，全员 3.2 万人，跟他们宣导，越在艰难处，越是修心时。对，要传导这种精神。他也身先士卒、率先垂范，不拿一分钱报酬，出门坐飞机也只坐经济舱（见图 2-106）。

主动利用

时任日本首相鸠山由纪夫亲自出山，登门邀请已经年近80岁的稻盛和夫出任CEO。
稻盛和夫的做法：
宣布并践行赴任的三条"大义"，其中第一条是"保住留任的3.2万名日航员工的饭碗"；
领导编制《日航哲学手册》并全员推行。
组织每月一期干部学习会，对各级主要领导人进行彻底的精神洗礼。
每个月开一次员工大会，"越在艰难处，越是修心时"。
率先垂范，零薪酬，搭乘日航航班都坐经济舱。

图 2-106　日航的逆袭

我们看稻盛和夫所做的这些与具体业务有关系吗？没太大关系。后来日航在稻盛和夫的整顿下又重新站起来了（见图 2-107）。

有人采访稻盛和夫："你是怎么把日航给救起来的？"他说："并不是靠什么经营技巧，日航得以重建的关键就在于三万两千名员工的意识和观念发生了转变。"

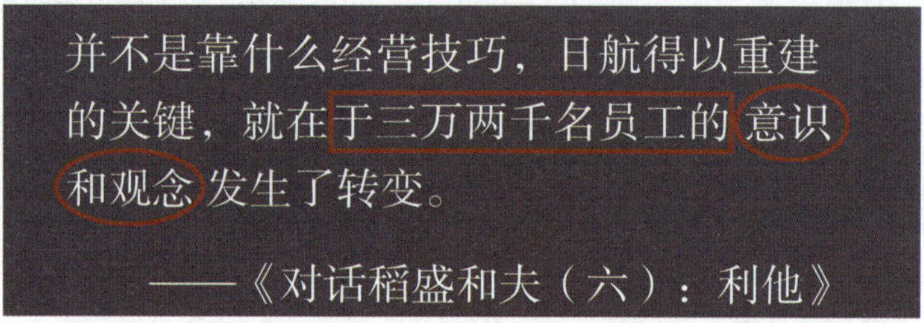


图 2-107　日航起死回生的关键是员工意识和观念发生变化

这是不是文化的作用？这是一个非常典型的、利用企业文化来改造企业、拯救企业的案例。

所以，如果我们有意识地对文化环境进行影响的话，它就可以变成一种有力的工具供我们使用。

这种影响会体现在我们公司的业绩上。哈佛大学教授花了 11 年统计的一个数据如下。企业有重视文化的，有不重视文化的。重视文化和不重视文化，它的业绩表现不一样（见图 2-108）。我们看下面这组数字：重视文化的总收入增长和净利润增长率分别是 68.2% 和 75.6%，一个是收入，另一个是利润。我们再看看不重视企业文化的收入增长率是 16.6%，利润增长率为 1%。

美国哈佛大学的约翰·科特教授和詹姆斯·赫斯克特教授11年的考察研究认为：

✓ 重视企业文化的公司总收入平均增长68.2%，不重视企业文化的公司则仅达16.6%；

✓ 重视企业文化的公司股票价格增长为90.1%，不重视企业文化的公司为74%；

✓ 重视企业文化的公司净利润增长为75.6%，不重视企业文化的公司仅为1%。

图 2–108　企业对文化重视与否直接影响总收入、股票价格和净利润

有什么启示？首先我们说重视文化和不重视文化，收入增长率不一样。还有很重要的一点，我们说重视文化的企业，总收入增长68.2%。我们再看看利润增长了多少？ 75.6%。说明了什么？重视文化利润还更高了，这是因为成本降低了。同样，不重视文化的企业收入增长 16.6%，利润增长多少？ 1%。不重视文化的成本是增加的。所以，文化是我们平时看不见摸不着的，但是它的作用都会体现在企业业绩里。

所以，文化是可以主动利用的工具，它会极大地影响企业经营的成本费用！文化做得好，管理成本就低；文化做不好，管理成本就高。

我们一起来回顾一下第二部分跟大家探讨交流的内容。首先，我们知道文化是由五要素构成的。文化五要素之间是有结构关系

的：为了实现价值观，以活动为中心，为了组织活动要有规则、仪式和人物符号。再进一步我们对比了文化和其他相关概念的联系和区别。我们发现所有的这些都是约束人们行为的工具，而文化这种工具的约束是软性的，而且是低成本的。再有，文化是我们可以主动利用的一种工具（见图 2–109）。

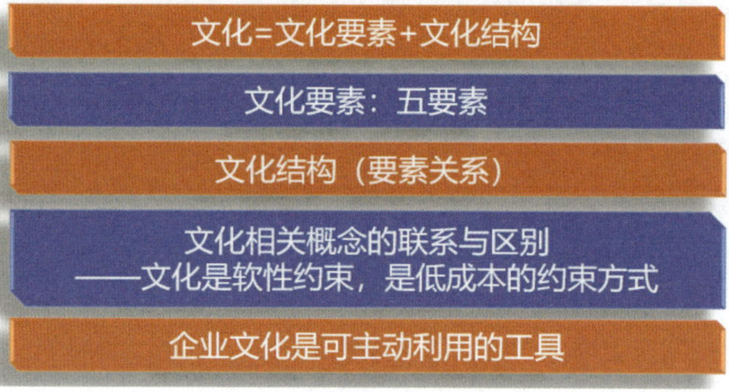


图 2–109　企业文化回顾

# 第三章
# 企业需要什么样的文化

第三章我们一起来探讨一下企业到底需要什么样的文化。

我们前面探讨了文化环境对我们有什么影响？然后我们一起了解了什么是企业文化。第三章我们深入企业应用——企业到底需要什么样的文化？

参观过华为、阿里巴巴的人会发现他们有不同的文化，华为崇尚的是狼文化。我们可能也需要狼文化。比如，万达，崇尚的是笑脸文化，我们都需要笑脸文化。又如，海底捞实行的是家文化。我们也需要家文化（见图 3–1）。

图 3-1　“狼文化”“笑脸文化”“家文化”

当我们说，我们也需要什么文化，是想表达什么意思呢？结合前面所讲的，我们这么说是要文化活动还是要文化价值诉求（见图 3-2）？

图 3-2　是要文化活动，还是要文化价值诉求

狼文化、笑脸文化、家文化都是一个代号而已，它们背后的价值诉求是什么呢？我们说狼文化背后的价值诉求就是拼搏，要有进

攻性；而笑脸文化的价值诉求就是乐观，还有以人为本；而家文化背后是一种关爱的价值诉求（见图 3–3）。

图 3–3　"狼文化""笑脸文化""家文化"的价值诉求

所以，当我们讲我们需要 ×× 文化的时候，其实说的不是活动，而是说一种文化价值诉求（见图 3–4）。

图 3–4　文化价值诉求

来看以下词条哪些是价值诉求、哪些是活动（见图 3–5）。

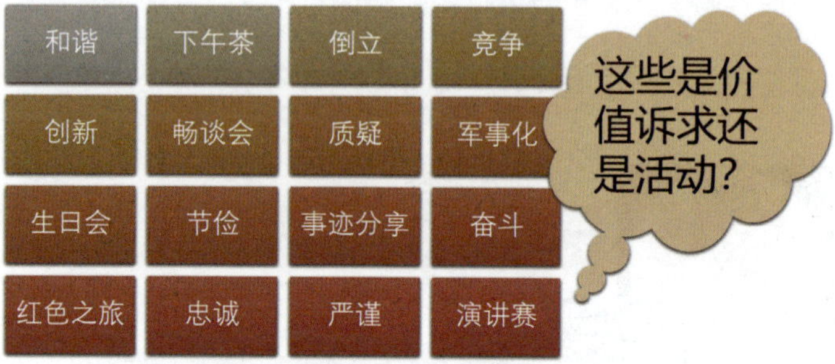


图 3-5　价值活动和价值诉求汇总

和谐、竞争、创新、军事化、奋斗、忠诚、严谨，这些都属于价值诉求。而其他则属于活动。左边是文化价值诉求，右边是文化活动，而我们所说的我要 ×× 文化，是指我们要这种价值诉求（见图 3-6）。

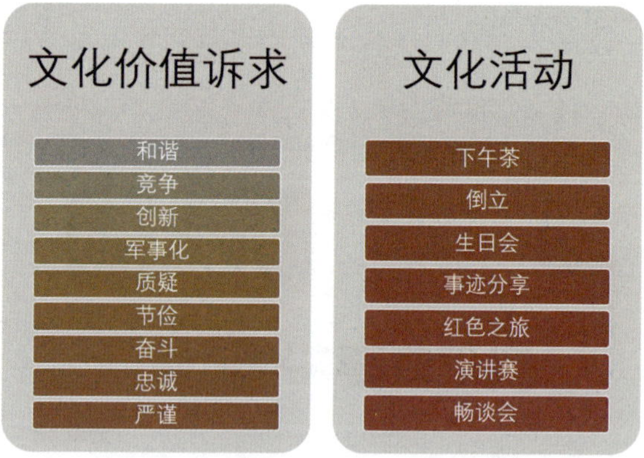


图 3-6　文化价值诉求和文化活动

这么多价值诉求，您会选择哪些？和谐和竞争选哪个？还是有一定冲突性的，和谐和竞争在实际操作中往往不容易完全共存。

再看看其他的，创新和军事化本身也有一些冲突，创新要求的是开放包容，而军事化要求的是纪律执行。如果我们是研发类型的企业或者研发部门，通常要选择创新。

我们看，选择什么样的文化价值诉求，到底由谁来定（见图 3-7）。给大家几个选项：第一个是老板或企业家或创始人，第二个是总经理，第三个是董事会，第四个是文化官。

图 3-7　文化价值诉求由谁决定

企业家定，是吧？这么异口同声。问这个问题的时候，其实与另外一个问题类似：如果我们生病了，开什么药由谁来决定（见图 3-8）。医生？科室主任？还是由医院院长？还是病人家属？有些病人家属不签字是不行的。或者答案不在这里面？

图 3-8　生病开什么药由谁决定

生病开什么药由病症来定，这是本质（见图 3-9）。比如说，很多医生就不根据你的病症来给你开药，找到这种庸医，就不应该由他来定，而应该由病症定。比如说，这个病早、中、晚期开的药不一样；如果有多种病症，哪个先治、哪个后治，开的药也不一样，要根据病来定。

图 3-9　生病开什么药由病症决定

文化价值诉求由谁来定（见图 3-10）。也不是老板定的，而是由企业到底有什么问题来定。有什么问题是受什么影响？受我们企业的状态影响。我们企业现状是什么样子，就会产生什么样的问题，进而产生对应的价值诉求。

图 3-10　价值诉求由谁决定

我们来看看哪些因素会影响我们的文化价值诉求。

## 第一节　企业文化诉求的影响因素

企业状态会影响文化诉求，我们将企业状态从时间和空间细分一下。从空间来分，企业本身会有不同类别。从时间来分，企业有不同的发展阶段。我们看这两种企业状态对企业文化价值诉求有什么影响（见图 3-11）。

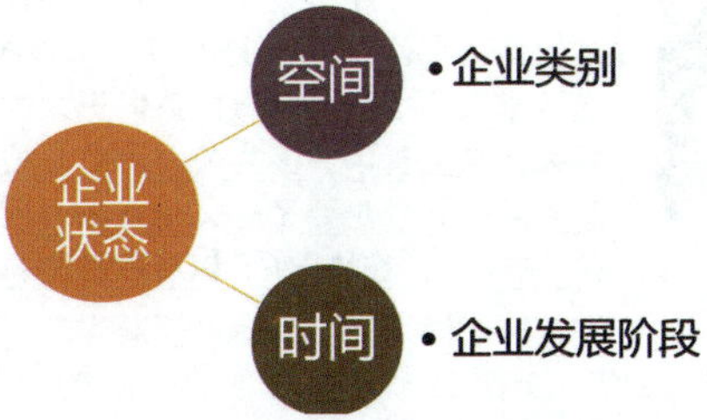


图 3-11　文化诉求的影响因素

## 第二节　不同类别企业的文化价值诉求

我们先来看看空间角度，企业类别。企业文化理论之父埃德加·沙因分析了两类企业，一类是化学品公司，另一类是软件公司（见图 3–12）。他提到化学品公司对安全、时间、技术细节等这些是非常严要求的，所以决定了它的文化是什么？——专制。而软件公司需要软件开发人员发挥解决问题的能力，所以要给他们更大的自由度。所以，公司的历史、技术、产品以及行业、职业人群等，都会影响企业的文化价值诉求选择。

**埃德加•沙因（企业文化理论之父）：**

化学品公司，其对安全、时间等的看法，以及技术细节、易损属性等，有可能决定了其文化更为专制，文化基因更注重安全、精益求精。而在软件相关领域，非常依赖于程序员编写和开发软件的能力，像谷歌、微软等企业必须招聘创意精英来开发技术和解决问题，这要求文化上给予创意精英们更大的自由度。所以，文化基因会因为公司历史、技术与产品的不同而不同。如果想要了解文化基因，还需要深入了解相关的技术、所在的行业，以及职业群体，不能泛泛而谈。

图 3–12　埃德加·沙因对企业类别的分析

企业分类的维度有很多，我们选择其中一种最为常用的介绍。我们把企业按照创造价值的价值链来划分，就可以分成不同类型的企业。价值链就是产、供、销、研发等。按价值链分，我们的企业可分为制造类、研发类、销售类，还有服务类。我们分别看看每一类企业通常有什么样的文化价值诉求（见图 3–13）。

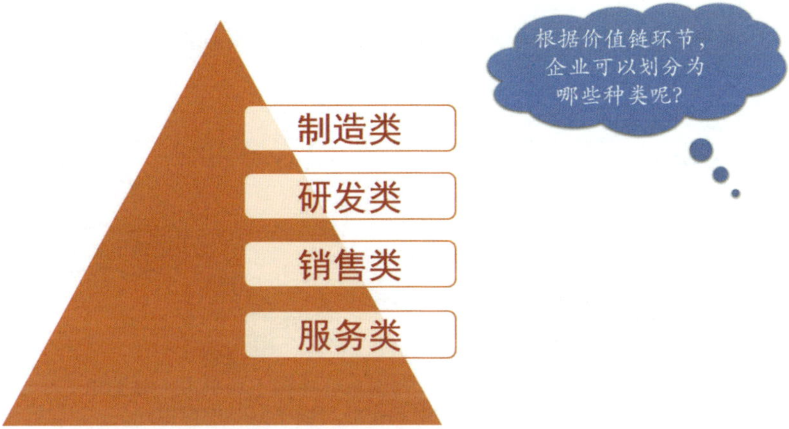


图 3–13 不同企业对应的文化诉求

我们先看制造类企业（见图 3–14）。生产型企业可能都听说过爱德华兹·戴明这个名字，戴明质量管理是非常厉害的，他说：企业就是要不断改进品质，并且降低成本。所以生产类企业、制造类企业，关心的是成本管控和质量管理。

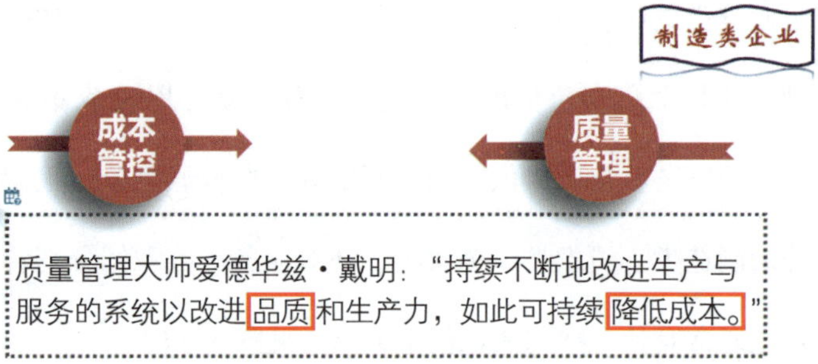


图 3–14　引进品质降低成本

比如说，方太吸油烟机做得很好，它是一个制造类企业，方太董事长茅忠群说：我们必须要提倡工匠精神，要一丝不苟，精益求精（见图 3–15）。

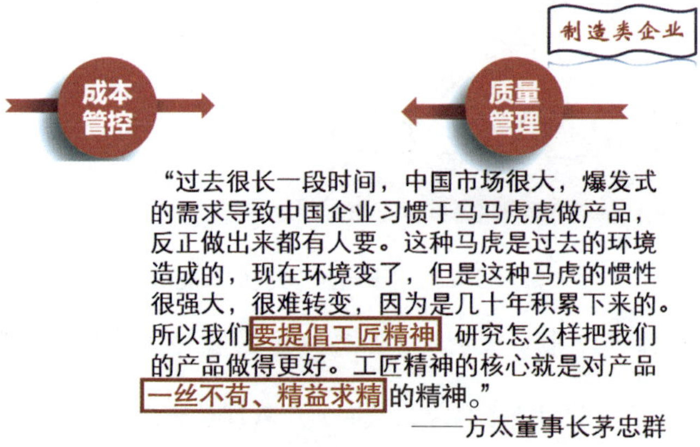


图 3–15　提倡工匠精神和一丝不苟精益求精

所以，制造类企业的特点是标准化、高质量、严要求，还要有计划性，你要按时生产出来。下一个就是劳动相对密集。所以这三个制造类企业的常见特点，就决定了制造类企业的价值诉求一般有三点：第一点是责任，要对企业的质量和工期都负责任；第二点是严谨，不能太随意；第三点是节俭，为什么？企业要重视成本（见图 3–16）。

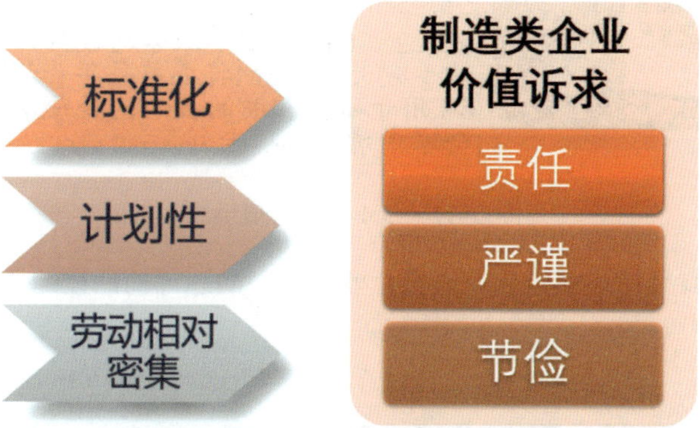


图 3–16 制造类企业价值诉求

这是制造类企业通常有的文化价值诉求。

我们再看研发类企业，大家会发现有明显的不一样。3M 公司大家应该都听说过，或者用过该企业的产品。这家公司每年的研发投入非常惊人，更为惊人的是公司每年申请的专利为 3000 多项，为什么？因为它的使命就是想成为最具创意的企业，它的诉求就是要持续不断地创新，引领潮流，立于不败之地（见图 3–17）。

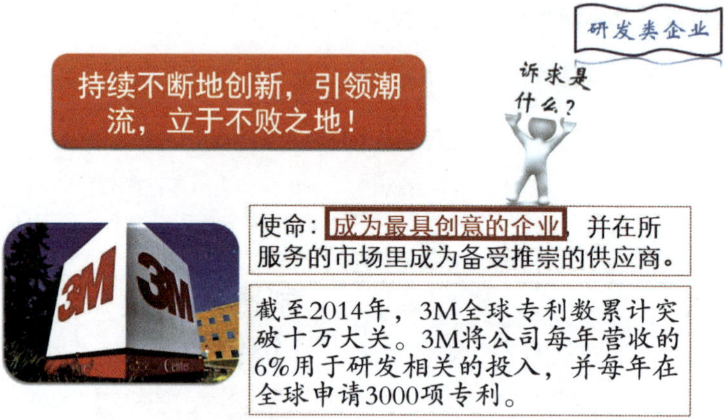


图 3-17　3M 公司价值诉求

还有另外一家企业，这家企业在硅谷的总部前面挂的是海盗旗（见图 3-18）。

图 3-18　某公司总部

图 3-19 中的两位人物分别是它的创始人和高管，在他们的背

后也有一面海盗旗。

图 3-19　某公司创始人和高管

左面这位是乔布斯。右面是谁？是乔布斯从百事可乐感召过来的斯卡利。苹果为什么要挂海盗旗？

因为乔布斯对于海盗精神是非常崇尚的（见图 3-20）。他说海盗比海军强多了，海盗就是要忘掉规则，用最极端的方式来思考。我们再看他做的所有产品都有海盗风格，颠覆原有格局，开创全新领域，一种极致的创新精神。

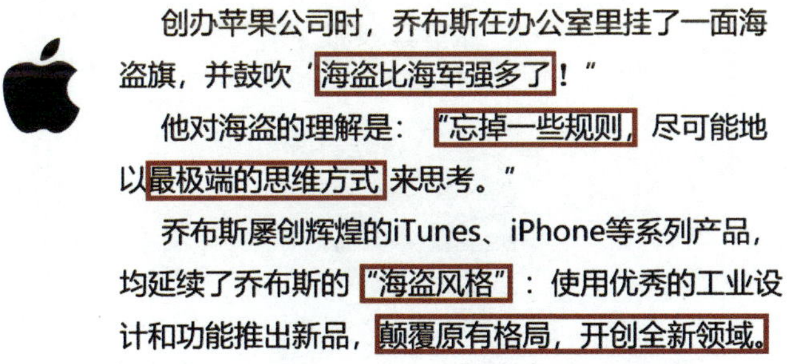


图 3-20　苹果公司创始人对海盗精神的解读

研发类企业，通常包含创新、冒险、活力、质疑、容忍失败等关键词（见图 3–21）。创新要不断开发，要容忍失败，以及积极主动等。

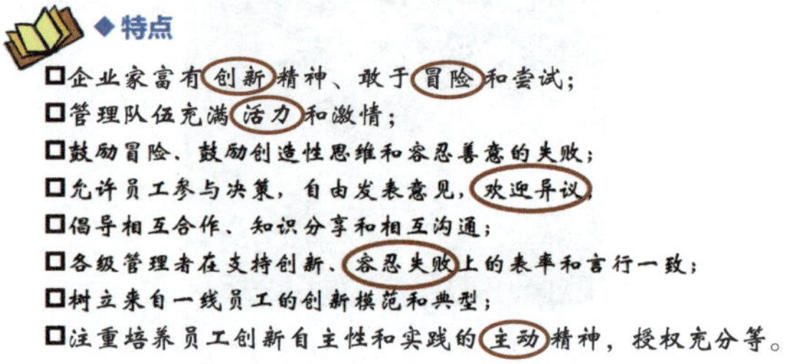


图 3–21　研发类企业特点

所以，通常研发类企业的价值诉求有五点：第一点，毫无疑问是创新；第二点，为了维持创新精神，企业要有一个相对民主的氛围；第三点，保持开放，确保有很多思路进来；第四点，质疑，你可以提出你的观点，但我也可以提出我的质疑，去怀疑你；第五点，追根究底，最终要把这个研发结果给拿出来。这是研发类企业要有的价值诉求（见图 3–22）。

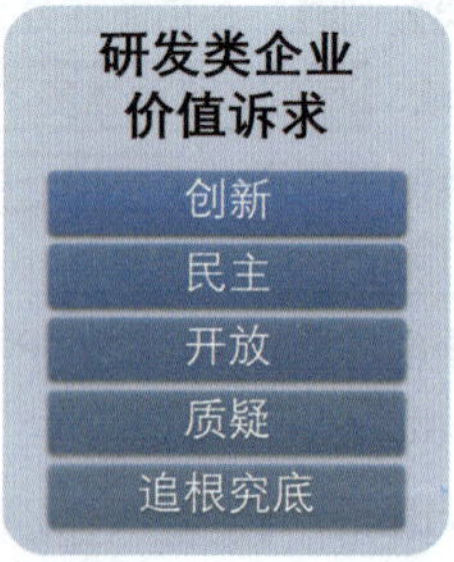


图 3–22　研发类企业的价值诉求

是不是跟制造类企业完全不一样?

我们再看销售类企业。销售类企业的诉求非常简单，就是拿订单、出业绩。

通常销售类企业的工作特点有四个：第一，业绩导向，业绩的压力释放给了整个销售部门；第二，工作时间是相对自由的，销售人员大部分是不坐班的；第三，多样性，因为它的产品和客户，尤其是客户是多种多样的；第四，灵活性，这也匹配着客户的多样性（见图 3–23）。

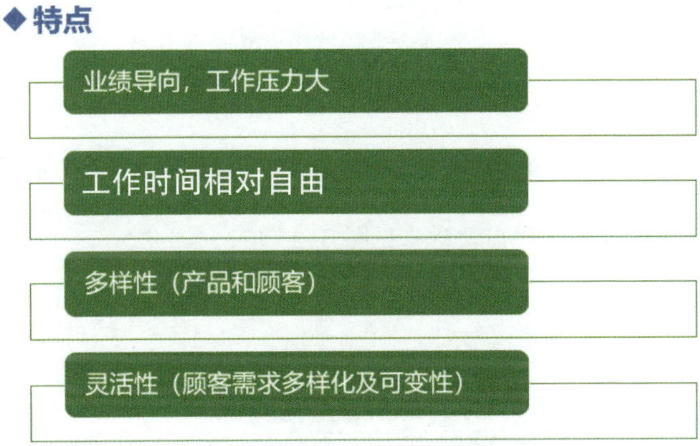


图 3–23 销售类企业特点

通常销售类企业具备的文化价值诉求有三点：第一点是执着，我为了成交某个客户，我要不懈努力；第二点是权变，我在追求这个结果的同时，还要面对不同的客户，要灵活应变，所以大家不要怪很多销售人员在前线经常违背规则，他们为了成交，通常是有一种权变思维的，这也是必要的。太死板的销售人员很难成交。当然，最后也是很重要的一点就是结果导向，什么也别说，拿业绩说话。这就是销售类企业的三个文化价值诉求（见图 3–24）。

图 3–24　销售类企业的价值诉求

我们再看服务类企业。服务类企业的宗旨是让所有人感受到它的服务质量，并且开心满意（见图 3–25）。

图 3–25　服务类企业宗旨

通常服务类企业的价值诉求有两点：第一点是关爱，体现你对客户的一种关心；第二点是责任，我要对用户负责任（见图 3–26）。

图 3–26　服务类企业价值诉求

我们前面提到过海底捞，大家觉得哪个是海底捞的宿舍？肯定是右边的（见图 3–27）。

图 3–27　海底捞宿舍与普通宿舍

海底捞可以说在内部员工管理上和服务客户上，都做得淋漓尽致。对客户，进门嘘寒问暖，还有专门的亲子区帮客户带小孩，美甲、擦鞋之类的服务都有。据说它已经把关爱员工做到了极致，给员工宿舍配备空调，这些都是小儿科了，还有什么呢？宿舍星级服务水准，据说有一个细节，就是北京冬天没供暖之前有一段时间很冷，会有专门的人发暖水袋，晚上有人把热水装进去，提前放到被窝里，大家是不是也想当海底捞员工？服务类企业这种关爱体现得淋漓尽致。

我们把企业按照价值链环节来划分，发现不同类型的企业，它们的文化价值诉求也不一样（见图 3–28）。制造类企业的价值诉求是责任、严谨、节俭，要质量和成本并重；研发类企业的价值诉求是创新、民主、开放、质疑以及追根究底；销售类企业的价值诉求是执着、权变、结果导向；服务类企业的价值诉求是关爱、责任。

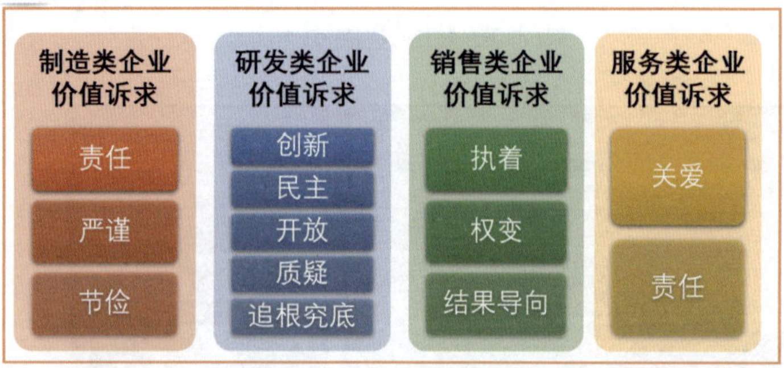


图 3–28　企业需要什么样的文化价值诉求由企业类别决定

## 第三节　不同发展阶段企业的文化价值诉求

我们只关心企业的类别还不行，还有时间的角度。我们再看看不同发展阶段的企业，通常文化具有什么样的特点（见图 3–29）。我们说企业通常可以分为四个阶段：第一个阶段，初创期；第二个阶段，成长期；第三个阶段，成熟期；第四个阶段，衰退期。

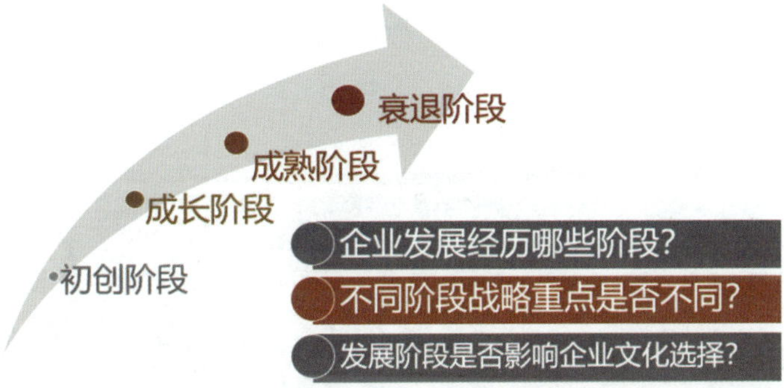


图 3–29　不同发展阶段企业的特点

我们看四个阶段，文化诉求有什么样的区别？

先来看初创期。我们说初创期企业通常具备这样的特点，就是业务还没开展起来，面临着很大的市场开拓压力。另外，在人员上，小公司能招来那么多、那么好的人才吗？暂时还不行，人员流动性通常也是比较大的（见图 3–30）。

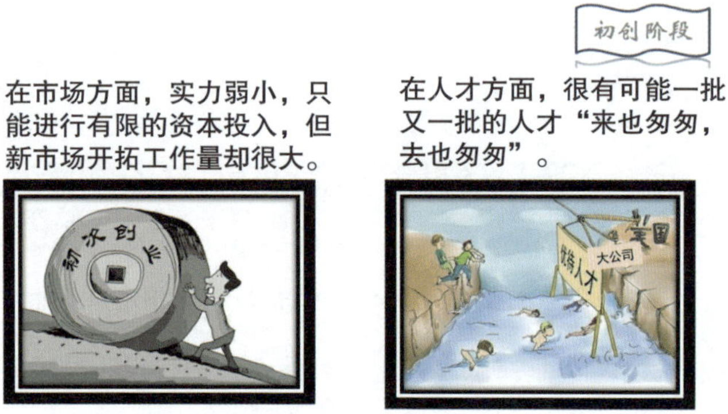


图 3–30　初创企业特点

沙因就曾说过在初创期的企业，文化中最重要的部分是人尽其才，给他们自由度，鼓励他们创新，这是初创期企业要具备的特点（见图 3–31）。

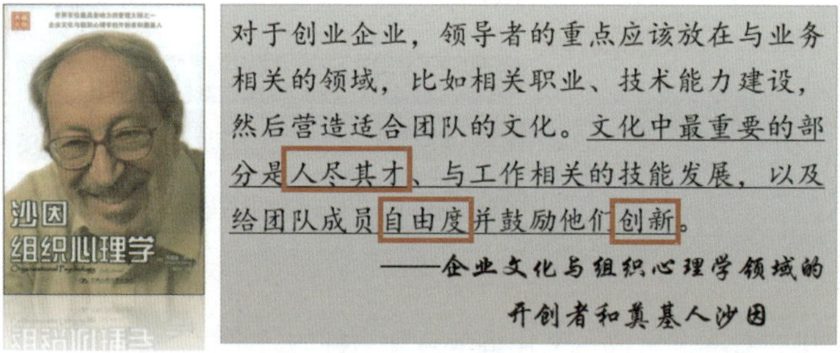


图 3–31　人尽其才、自由度、创新是初创企业关注的重点

这个阶段的价值诉求，还有一点是最基础的，那就是必须要有奋斗精神。在这个基础上，我们说人员流动性大，整个企业的状态还不是很好，所以这个时候需要有创新精神，要鼓励员工不断发挥

自己的才能，与我们的企业共同成长。还有一点就是信任，在企业初创阶段要相信人才，而不是怀疑人才。这是初创阶段的价值诉求（见图 3–32）。

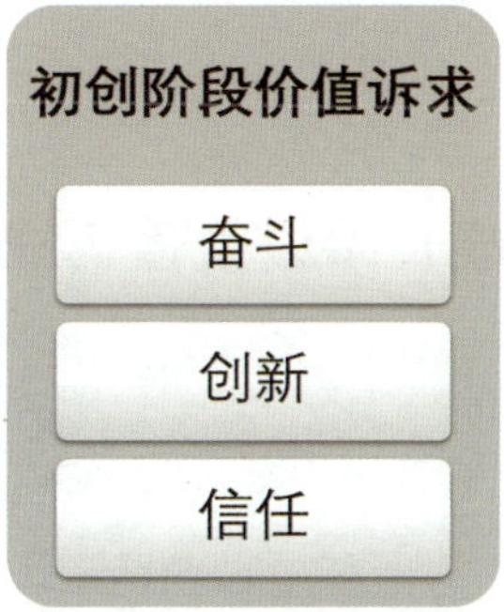


图 3–32　初创阶段价值诉求

企业再往下发展的话，诉求就不太一样了。沙因说，当我们的企业进入成长阶段，挑战就是管理不同亚文化的一致性。各种各样的人才都具备，拥有不同的理念，企业如何让他们保持一致？就是求同存异，要向共同目标看齐，而不是你争我斗、滥用资源（见图 3–33）。

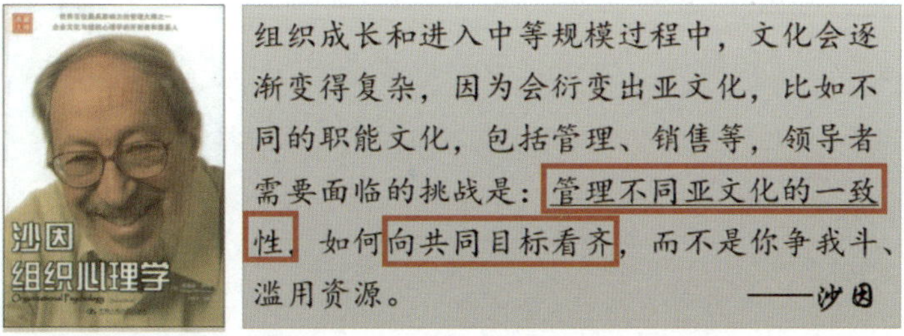


图 3–33　沙因关于企业进入成长阶段理论

所以进入成长阶段，通常有如下价值诉求：第一是奋斗，不可或缺。第二是包容，因为这个阶段整个环境、人员都更多元了。第三是合作精神，因为要齐心协力使企业再上一个台阶。这是成长阶段企业的三个文化价值诉求（见图 3–34）。

图 3–34　成长阶段价值诉求

企业再往下发展进入成熟阶段。成熟阶段企业通常会反映出什么特点？成长期的企业要追求稳定。稳定到极端会是什么样子的？僵化保守。企业进入成熟期，它的组织架构越来越复杂，但是也会转向臃肿、庞杂，效率或者盈利空间出现下降和缩小。内部也会陷入小富即安的状态，保守，创新精神逐渐消失（见图 3–35）。

所以，成熟期的企业往往过于强调标准缺乏创新，思想固化，而且官僚作风滋生。

成熟阶段

- 成熟期的企业往往表现出组织机构臃肿、组织结构庞大复杂、盈利增速逐渐放缓等特点。
- 由于企业制度的完善、企业领导人的小富即安、技术人员的保守等原因，企业的创新精神逐渐消失。

图 3-35　成熟期企业特点

比如我们所熟知的 IBM，也经历了这个阶段。郭士纳是 IBM 历史上非常重要的一个人物，他把 IBM 从一个家族企业领导成一个现代化的，而且是很多人学习的标杆企业。当时 IBM 进入成熟阶段，企业的传统文化让它表现出妄自尊大、因循守旧、自我封闭等特点，就像人一样，患上了“企业动脉硬化症”。所以这种情况下企业必须转型（见图 3-36）。

IBM面临两大敌人，一是IBM的传统企业文化，二是竞争对手，但主要的挑战来自内部。IBM缺少的不是卓越的产品和优秀方案，而是执行力。IBM的企业文化是妄自尊大、因循守旧和自我封闭，这些消极因素使IBM对市场变化反应迟钝，脱离客户的需求，患了“企业动脉硬化症”。

图 3-36　IBM 成熟阶段特点

成熟阶段的企业为了转型发展，价值诉求通常有以下几个关键词：第一个是自我突破；第二个是开放，自我突破的同时必须保持一个开放的状态；而且是不断学习，你只听没用，还需要吸收，学习代表的是你真正吸收别人的能力。这是成熟阶段的价值诉求（见图 3–37）。

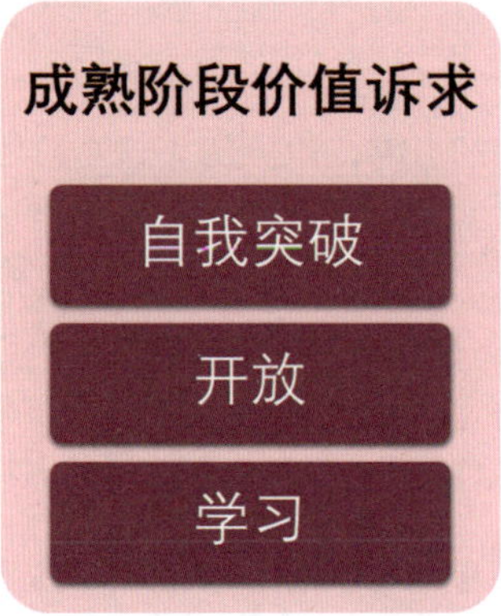


图 3–37　成熟阶段价值诉求

最后一个阶段就是衰退期。衰退期企业有两个特点：第一，我们的产品本身竞争力不太好；第二，“大企业病”严重，僵化到一定程度（见图 3–38）。成熟阶段的一些特点进一步演化就到了衰退阶段。

比如，英特尔曾一度进入衰退期。英特尔是举世闻名的企业，它最早做存储器，当存储器产品在整个市场上陷入衰退期时，英特

图 3-38　衰退期企业特点

尔到底该怎么选择？经过激烈的斗争，英特尔最终放弃了开展多年的存储器业务，开始做微处理器，不久之后全面重生（见图3-39）。每个企业都会经历这种阶段，产品有生命周期，一旦进入衰退期，就必须做出选择了。

英特尔重生

1984年的英特尔陷入前所未有的困境，核心业务储存器的市场机会被日本摧毁了，公司面临着保留还是放弃这块核心业务的抉择……

英特尔=存储器，如何选择？

关闭了存储器生产，开始做微处理器，不久之后，微处理器的销售超过了原来业务；
1986年之后，英特尔全面重生；
1992年之后，成为全世界最大的半导体公司。

图 3-39　英特尔重生过程

衰退阶段的企业文化价值诉求，非常简单，就是——变革，企业必须有壮士断腕的决心，自己革自己的命，这是最核心的一点（见图 3–40）。

图 3–40　衰退阶段价值诉求

我们来总结一下，企业需要的文化价值诉求，也是根据企业发展阶段而定的（见图 3–41）。初创期价值诉求是奋斗、创新以及信任；进入成长阶段，奋斗必不可少，还要有包容、合作；进入成熟阶段，需要自我突破、开放、学习；衰退阶段需要的是变革。

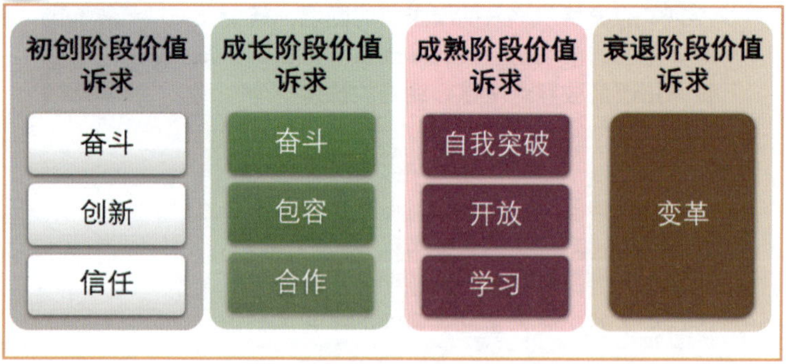


图 3–41　企业需要什么样的价值诉求由发展阶段决定

我们来回顾一下（见图 3–42），第三部分跟大家探讨交流的是企业到底需要什么样的文化。首先要明确，文化的核心是指价值诉求。文化价值诉求受企业类别和发展阶段影响。

图 3–42　企业需要什么样的文化

# 第四章
# 企业文化常见误区

我们知道了企业需要什么样的文化，但在建设文化过程中，很多企业不知道怎么搞，甚至跑偏，效果不好。这是因为企业陷入了建设企业文化的误区和陷阱。下面和大家探讨交流企业文化常见的六大误区。

## 第一节　误区一

俗话说，没文化真可怕。有些人把这句话引申到企业文化领域，就说：没文化的企业是愚蠢的、没文化的企业只能叫团伙。这些说法有个共同点，就是“企业没文化”（见图 4–1）。这个说法，对不对？

图 4–1　“企业没文化”的争议

我们来测试一下你的企业，到底有文化还是没文化。我们反思一下自己的企业是不是已经形成了很好的艰苦奋斗的文化？有些企业在迟疑，说不一定有。如果我们的企业没有形成艰苦奋斗的文化，那是不是在发展过程中已经自然而然地形成了安逸享乐的文化？我们的企业有没有形成勤俭节约的文化？如果没有，有没有形成铺张浪费、大手大脚花钱的文化？我们的企业有没有形成以企为家的文化？如果没有的话，有没有形成以自我为中心的文化？我们的企业有没有形成团结一致的文化？如果没有的话，有没有形成懒散漠然的文化（见图 4–2）。

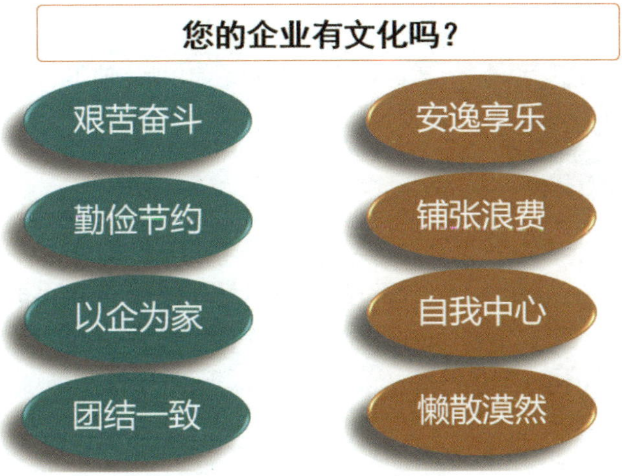


图 4–2　企业文化关键词

大家对比一下会发现，每个企业状态各不一样。左面这些都是我们想要的，右面都是我们不想要的。即便我们没有形成这些我们想要的，并不代表我们没有这些我们不想要的。因为这些文化是不需要特别的外力就可以自然而然形成的。

所以我们说“企业没文化”，这种说法肯定是不对的。前文提到的哈佛大学教授，也是著名的企业文化专家特伦斯·迪尔曾说过一句著名的话：“每一个企业——事实上是每一个组织——都有一种文化，无论是软弱的文化还是强有力的文化，在整个公司内部都发挥巨大的影响。”（见图 4–3）。

美国哈佛大学教授特伦斯·迪尔

《企业文化——现代企业精神支柱》：

“每一个企业——事实上是每个组织——都有一种文化。无论是软弱的文化还是强有力的文化，在整个公司内部都发挥巨大的影响。”

图 4-3　特伦斯·迪尔对企业文化的解读

我们看这里面的关键词，每个企业都有文化，文化可能是软弱的，也可能是强有力的，但不管是什么类型的文化，都会产生巨大影响。大家看是巨大影响，而不是巨大的正面影响，它的影响可能是正面的，也可能是负面的。

这是我们跟大家探讨的第一个误区，说企业没文化是不对的。其实这个误区是让大家理清楚企业目前的文化状态是什么。不要说我的企业没文化，你要客观意识到自己的企业是不是有一些你不想要的负面文化。所以任何一个企业都有文化，主要区别在于文化与企业状态是否匹配、是否对企业发展有积极和正面的影响（见图 4-4）。

**误区一：企业没有文化**

任何一家企业**都有**自己的**文化**，

区别在于现有文化与企业**是否匹配**、对企业发展是否有**积极影响**

图 4-4　误区之一——企业没有文化

## 第二节　误区二

有些企业说我的文化不太积极，不太正面，我肯定要改变。我是不是可以跟那些优秀的企业去学习一下，向优秀成功的企业去取经？比如，我们可以参观一下联想、腾讯、阿里和华为等知名企业（见图 4-5）。

图 4-5　优秀企业的企业文化

主要目的就是想学习成功企业的优秀文化。那么问题来了，成功企业它的文化就是优秀的吗？或者我们换个问法，文化本身有优秀不优秀之分吗（见图 4–6）。

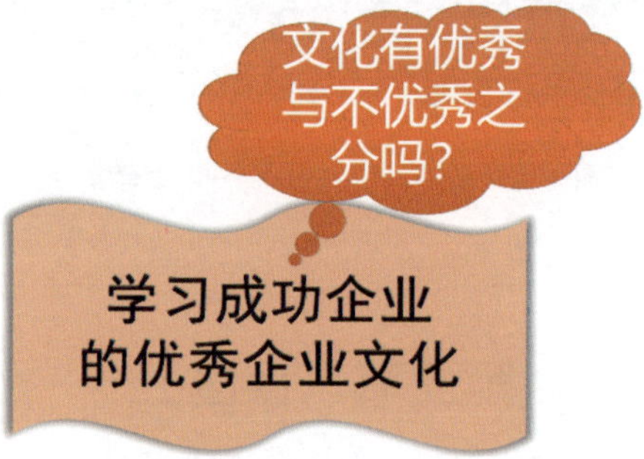


图 4–6　文化有无优秀之分

前文中提到文化是一种工具，是为了解决问题，工具本身并没有好坏之分，只有针对某个问题它好不好用（见图 4–7）。

图 4–7　工具没有好坏之分

企业到底需要什么样的文化，是由我们的问题、我们的企业状态而定的（见图 4–8）。

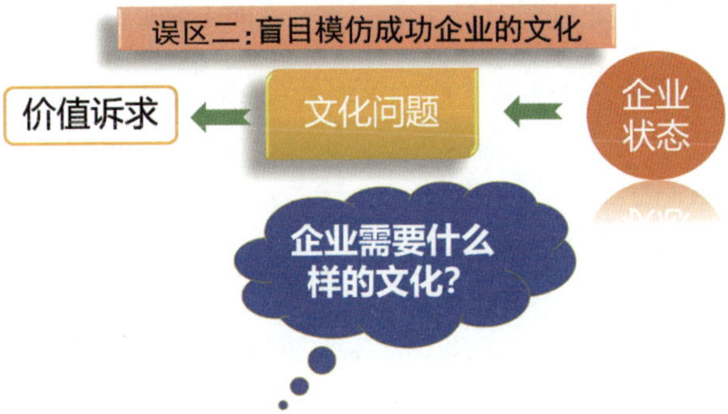


图 4–8　企业文化误区之二

我们跟大家探讨交流的第二个误区，就是盲目模仿那些所谓的成功企业的文化。比如，有两种文化经常为人们所津津乐道，也是学习的对象，第一个就是家文化（见图 4–9）。

图 4–9　企业文化误区之二——盲目模仿成功企业的文化

家文化给人的感觉就很好，非常温馨。关爱员工，让员工更有归属感。而且实行家文化的企业外部形象也非常好。

国内知名企业娃哈哈员工有一句口头禅：娃哈哈就像一个家，宗总就是这个家的大家长。我们来看看娃哈哈的家文化体现在哪些方面。

宗庆后作为公司的创始人，一直提倡用家文化来提高企业的凝聚力，他有一句名言：凝聚小家、发展大家、报效国家。我们再看宗庆后具体的行动。他把公司当家，把员工当成家人。具体怎么做的呢？第一，员工的收入水平必须高于当地的平均水平，而且提出了要在几年内让员工收入倍增的计划。第二，夏天还会给员工发冰棒，也很温馨。第三，每年请员工吃年夜饭，而且年年亲自发红包，这个习惯已经坚持了 32 年。每年年底这个场景是非常常见的，非常温馨，就像家长给孩子发红包一样。给员工盖房子，解决住房的问题，以及从来不开除员工等。娃哈哈的家文化让员工在企业里面就感觉像家人一样。这是家文化的一个典型代表（见图 4–10）。

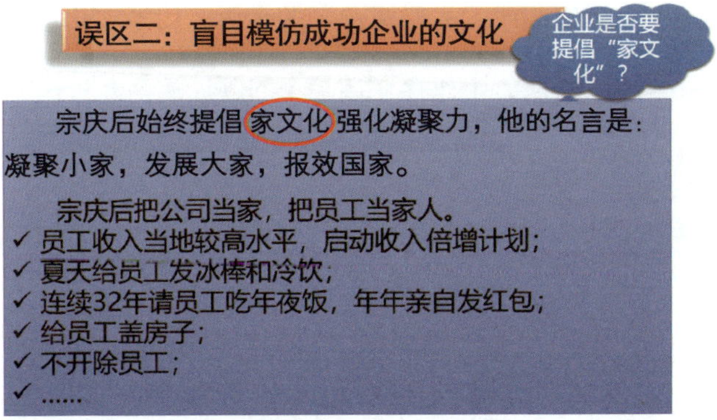


图 4–10　宗庆后关于“家文化”

家文化适合所有企业吗？家文化通常有这么几个特点：第一个特点是薪资不能太低。第二个特点是福利不能太差。这是就薪酬福利待遇而言。第三个特点是稳定性，因为家是让人有安全感的，不会变的，永远在那为你守候。第四个特点是无竞争性，企业里面不会争个你死我活，大家都是一家人。第五个特点是容错性和包容性，意思就是如果我的员工犯了错，或者说他本身能力不具备，但是你是我的家人，我要时刻帮助你（见图 4–11）。

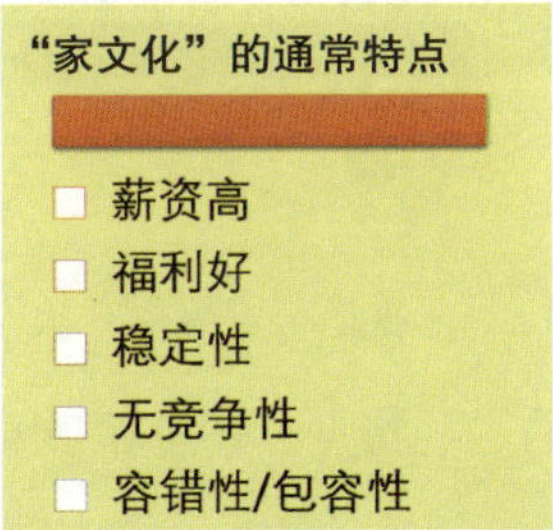


图 4–11　“家文化”的通常特点

作为一个初创期或者战略瓶颈期的企业，用家文化适合吗？企业本身就处在瓶颈期，生死存亡还是个问题，用高薪资高福利能支持得住吗？如果在这个阶段企业还坚持内部一团和气，对于所有有错的东西都无限包容，企业是没有办法突破瓶颈的。比如，当前阶段的华为，大家觉得它适不适合用家文化？或者说华为发展了这么多年，它处在什么阶段？它其实是在一个非常关键的战略突破期，处于攻坚阶段，一方面面临国内的竞争，另一方面来自国际的压力，真是压力巨大。所以，现在的华为不适合提倡家文化，那它适合什么文化？狼文化。

我们企业要不要提倡狼文化（见图 4–12）？

图 4–12　企业是否要提倡"狼文化"

我们看看狼文化的一些特点。任正非说要用狼性生存法则，狼有三个特征，敏锐的嗅觉、不屈不挠、奋不顾身的进攻以及群体奋斗，其中一个关键词就是奋不顾身的进攻，是很有拼劲的。“狼文化”通常被人们总结为四个特点：野、残、贪、暴。“野”跟家文化完全不一样，有竞争性；“残”是指为达目的不择手段；“贪”，蔑视规则，我可以突破规则，因为我为了达到我的目的，可以不择手段；“暴”，对人性它是相对要忽视一些的，因为强调的是狼性（见图 4–13）。

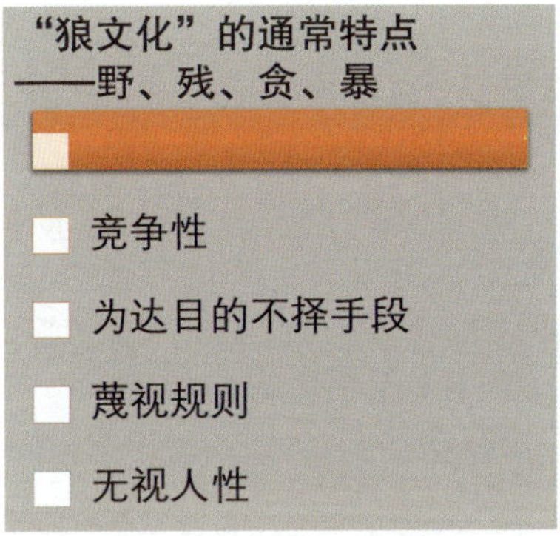


图 4–13　“狼文化”的通常特点

我们看“狼文化”适不适合所有企业。如果我们的企业是研发类型的，或者已经进入一个平稳发展期，是不需要用“狼文化”的。我们前面提到的娃哈哈，要不要用“狼文化”？娃哈哈相对于华为来讲，现在它的产品迭代性要弱一些，华为是电子产品，而它生产的是饮料、矿泉水等，不用做过多创新，整个行业处于相对稳定的状态。所以对于娃哈哈来讲，只需要尽量守住，然后稍微带一点进取就可以了。

而华为光靠守是不行的，它必须要进攻。

我们跟大家探讨交流的第二个误区，就是盲目模仿成功企业的文化。其实文化本身没有优秀和不优秀之分，应该跟我们的发展阶段相匹配，而不应该盲目模仿（见图 4–14）。我们在学习其他企业文化的时候，一定要分清这一点，它的文化到底适不适合我们的企业？

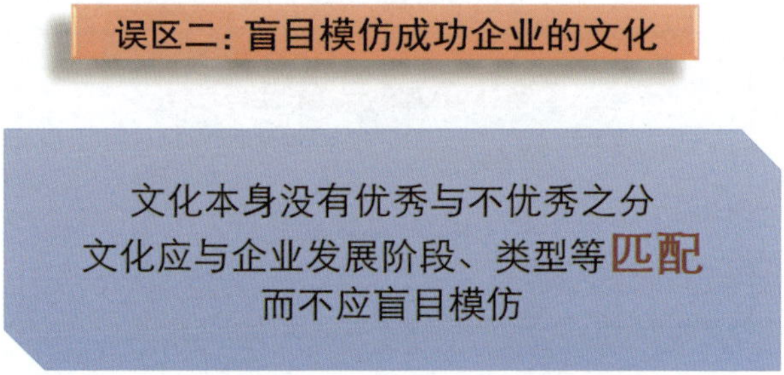


图 4–14　企业文化要与企业发展阶段相匹配

## 第三节　误区三

前面很多人异口同声地说，企业要什么文化由老板定。企业文化跟老板有没有关系？肯定有关系。

有一句话说，企业文化就是老板文化。热播电视剧《亮剑》中政委赵刚说过这么一句话：“一支部队也是有气质和性格的，而这种气质和性格是和首任的军事主管有关的，他的性格强悍，这支部队就强悍，就嗷嗷叫，部队就有了灵魂，从此，无论这支部队换了多少茬人，它的灵魂仍在。”他强调的是首任军事主管决定了这支部队的灵魂。在企业首任军事主管是谁？是创始人、老板、企业家，所以这句话肯定没错，企业文化就是老板文化（见图 4-15）。

**企业文化就是老板文化**

“一支部队也是有气质和性格的，而这种气质和性格是和首任的军事主管有关的，他的性格强悍，这支部队就强悍，就嗷嗷叫，部队就有了灵魂，从此，无论这支部队换了多少茬人，它的灵魂仍在。”

图 4-15　企业文化误区之三——企业文化就是老板文化

比如，外向型领导，通常他带出来的团队是什么风格？非常活跃的，可以快节奏的。如果是内向型领导，他通常带出来的团队是什么风格？非常文静、含蓄、平稳的（见图 4-16）。

图 4–16　内外向型领导带团队的风格

咄咄逼人的领导通常会带出强势的团队，而彬彬有礼的领导往往带出的是专业细致的团队（见图 4–17）。

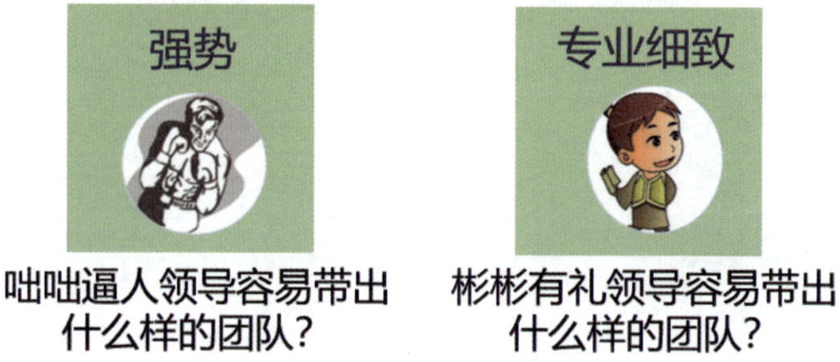


图 4–17　咄咄逼人型和彬彬有礼型领导带团队的风格

如果企业家是财务出身，他通常带出的团队有什么特点？通常对成本控制非常有意识，很节俭。而法律出身的企业家带出的团队有什么特点？风险意识非常强，所以更稳健一些，学法律的人就知道有些东西是不能碰的（见图 4–18）。

图 4–18　财务出身和法律出身企业家领导企业的价值诉求

举两个实际企业的例子。

华为创始人任正非有 14 年当兵的经历，非常有部队情结。

他的经历通过华为文化体现出来具有非常明显的军事文化特征（见图 4–19）。比如，我们前面讲到的狼性文化，还有床垫文化、工号文化、压强文化、危机文化、服务文化、服从文化以及自我批判文化。

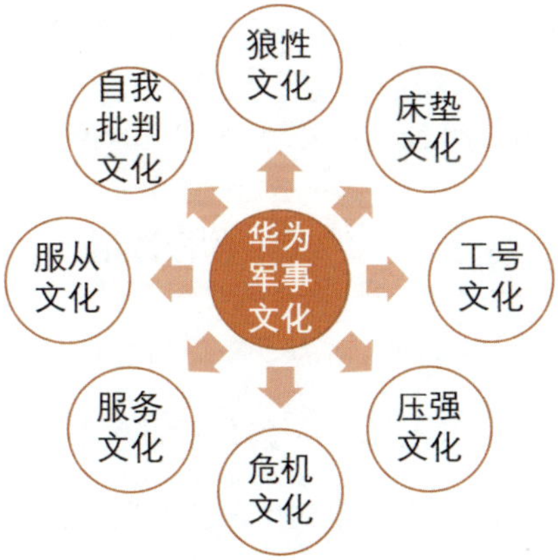


图 4–19　华为的军事文化

我们挑两个文化大家体会一下，狼文化在前面说过了，在此不再赘述。

我们说批判文化其实是我军优良传统，这个也沿袭到了华为身上，它将这种自我批判文化，体现得非常极致。华为有一个神秘组织——蓝军参谋部（见图 4–20）。这个名字非常具有军队的特点。这个组织是干吗的？专门构建华为的自我批判能力，这是它的职责。这个组织是 2006 年成立的，职责就是逆向思维，审视、论证“红军”战略 / 产品 / 解决方案的漏洞或问题，所以它专门研究如何打败华为。

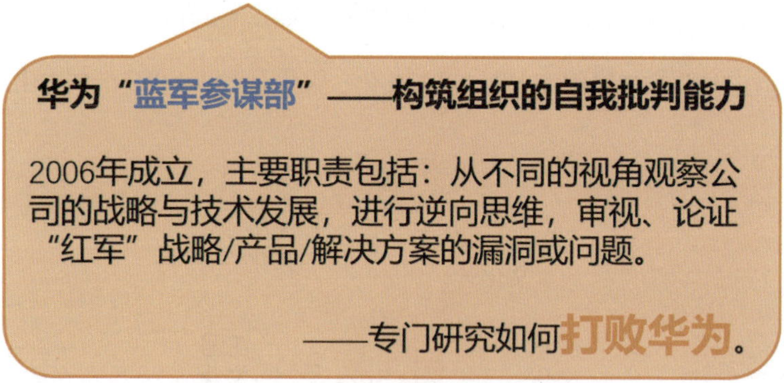


图 4–20　华为“蓝军参谋部”

我们来看看它做了什么。华为的蓝军组织，不单单对华为这个公司，连创始人任正非都在它批评的对象范围内。2018 年 3 月，蓝军参谋部专门组织了一场对任正非的批判，我们在座的企业家或者企业其他高管，谁敢专门组织这么一场批判？然后原汁原味地把批判在他们的社区里面发表，并且以公开邮件的方式发布出来，列出了任正非的“十宗罪”（见图 4–21）。

我们来大概看一下，有的批判一针见血。比如，他有的时候指导过深过细过急。又如，任正非是强调灰度理论的，蓝军批判说你不能把中庸之道用到极致，妥协、妥协、再妥协。还有他提出的很多管理思想很好，但是只适用于运营商业务，不适用于其他业务等。总之，任正非被批得体无完肤。

**华为“蓝军”指出任正非“十宗罪”**

2018年3月，华为蓝军组织在高研班上组织了一次对任正非的批判，然后原汁原味地在心声社区发表，甚至还以电邮方式发布出来，列出的十宗罪分别是：

1.任总的人力资源哲学思想是世界级创新，但有的时候指导过深过细过急，HR体系执行过于机械化、僵硬化、运动化，专业力量没有得到发挥；
2.不要过早否定新的事物，对新事物要抱着开放的心态，让子弹先飞一会儿；
3.工资、补贴、奖金、长期激励机制等价值分配机制需要系统梳理和思考；
4.不能把中庸之道用到极致，灰度灰度再灰度，妥协妥协再妥协；
5.干部管理要风险和效率上追求平衡；
6.要重视专家，强化专家的价值；
7.反思海外经历适用的职务范围的问题；
8.不能基于汇报内容、汇报好坏来否定汇报人员或肯定汇报人员；
9.任总的很多管理思想、管理要求只适用于运营商业务，不适用于其他业务；
10.战略预备队本来是中央党校，但由于实际运作执行问题，结果变成了五七干校。

图 4–21　华为“蓝军”指出任正非“十宗罪”

蓝军组织曾经还做过一件事，就是因为任正非经营管理不当，罚了他 100 万元，丝毫不留情面。

所以，我们看华为的自我批判文化是不是非常明显？所有的这些其实就是任正非个人的军事情结体现在了华为的企业文化中，所以，企业文化就是老板文化。

另一位老板就与任正非风格完全不同。他喜欢武侠，他是金庸迷。

他的这种江湖情结体就现在他的企业文化当中，所以企业带有非常明显的江湖文化特质（见图 4–22）。

比如说企业有“六脉神剑”，“六脉神剑”是什么？等会儿给大家解读；取花名以及办公室也取名字，还有科研机构也另外取名字，项目活动名字也不一样，还提倡草根文化。

图 4–22　阿里江湖文化

我们挑几个现象大家感受一下，比如刚才我们提到的老板在公司叫什么？风清扬。我们再看“六脉神剑”是什么？企业的价值观，简称六脉神剑，有六个点。再看老板的办公室叫什么？桃花岛。他们的会议室叫什么？光明顶，所以开会就是“聚首光明顶”。还有洗手间叫听雨轩、观瀑亭，以及科研机构叫达摩院，与少林寺是一样的。公司每年的年会叫什么？武林大会。而对外的这种互联网大会叫什么？西湖论剑。他提倡草根文化，就是英雄不问出处。不搞精英那一套。再有，使命，让天下没有难做的生意，是不是非常有江湖气概（见图 4–23）。

企业家化名：风清扬
价值观：六脉神剑
办公室：桃花岛
会议室：光明顶
洗手间：听雨轩、观瀑亭
科研机构：达摩院
年会：武林大会
互联网大会：西湖论剑
草根文化，非精英文化
使命：让天下没有难做的生意

图 4–23　企业文化体现江湖情结

所有这些其实都是老板的江湖情结映射在了企业文化当中。

我们通过这些例子，是不是很明显感受到企业文化就是老板文化？那我们前面讲的是不是就有问题了？我们说企业文化由企业类别和企业发展阶段决定，好像没有提到老板。要不要受企业家影响？这是我们要跟大家探讨交流的第三个误区，企业文化就是老板文化。

有人认为，企业文化就是老板文化，为什么这还是一个误区？这个问题要从两个角度来看，第一，企业本身就是企业家内心世界的一个外在映射。企业家有什么特点，我们的企业自然而然就会呈现出什么特点。所以从这个角度来说，我们的企业现在形成了什么样的文化，这是受企业家影响的。比如说任正非部队出身，所以华为有狼文化；马云有江湖情结，所以阿里有江湖文化。但是，这是现有文化。

我们的企业需要什么文化？这跟企业现有文化是一个问题吗？这完全不是一个问题（见图 4–24）。我们的企业需要什么样的文化，原理就是缺什么补什么，缺什么不是由企业家决定的，而是由企业类别和发展阶段决定的。

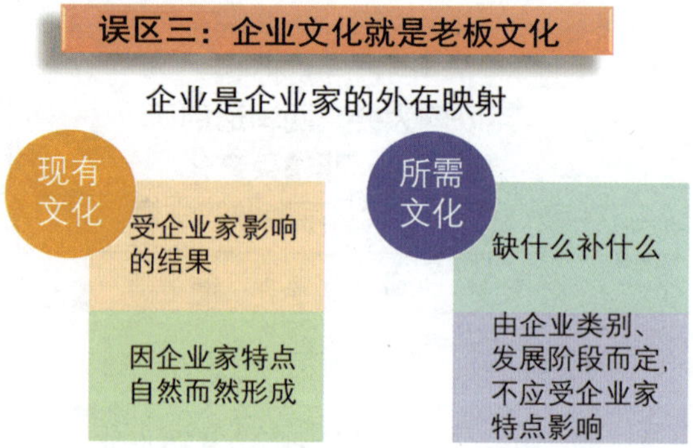


图 4–24　现有文化和所需文化的不同表现

我们举两个例子，比如说，有狼性的企业家，华为还缺“狼文化”吗？不缺。因为任正非在这么多年的经营中，自然而然会把自己身上的狼性和他期望看到的狼性都传输到自己的企业中，企业已经具备了狼性文化。而具备家长式风格的企业家还缺家文化吗？也不缺了，娃哈哈是不缺家文化的。但是这两类企业缺什么？比如，狼文化，它的一个特点就是无视人性。所以它缺的就是家文化。而家文化的特点是过于包容。所以它缺的是要有一些竞争性。所有这些都是由我们的企业类别、阶段而定的，而不受企业家特点影响的。反过来说，企业家缺什么，我才需要什么样的文化，而不是说企业家有什么风格，我需要有什么样的文化，这个大家要区分清楚。

所以说老板个性是企业最大的文化因素（见图 4–25），企业文化通常就是老板文化，这是常态。但是，企业需要的是不是老板文化、应不应该是老板文化？——这才是我们要思考的根本问题。

**误区三：企业文化就是老板文化**

企业家的特点**影响**企业文化
但需要什么样的文化**不由企业家特点决定**
缺什么补什么，企业文化≠老板文化

图 4–25　企业文化误区之三

# 第四节　误区四

现在，我们知道自己的企业需要什么样的文化了，就开始打造吧。但为什么往往效果不好？大部分企业在打造企业文化时，通常离不开三大终极话题（见图 4–26）。使命、愿景、价值观。所以很多企业在打造企业文化时，就会把使命、愿景、价值观提炼出来，并且要上墙。

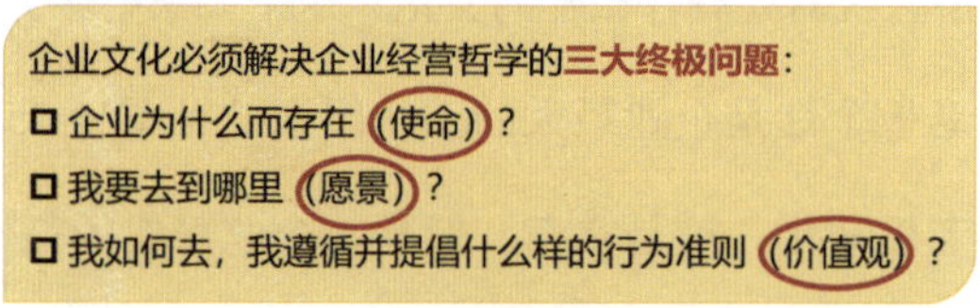


图 4–26　企业文化的三大终极问题

例如，图 4–27 是中国电建的使命、愿景、价值观。

图 4–27　中国电建的使命、愿景、价值观

图 4–28 是美的的愿景、使命、价值观。

图 4–28　美的的愿景、使命、价值观

图 4–29 是某通信企业的价值观、使命、愿景。

图 4–29　某通信企业的价值观、使命、愿景

使命、愿景、价值观已经上墙了，企业文化就建起来了吗？没有。马云说过这么一句话："我们全国各地的公司墙上没有一个贴价值观的。东西贴在墙上就完了，是做不好的。"他反对把价值观贴在墙上，而且他说企业文化不是写墙报，不是写文章，企业文化是把你的企业做得有味道一点。

有味道这个是不是很抽象？你怎么做到有味道？感觉和别人不

一样，我怎么和别人不一样？大家有没有思考过这个问题。

我们前面探讨交流了文化有五个要素，包括价值观、活动、规则、仪式、人物符号。我们说文化是以活动为中心（见图 4–30）。

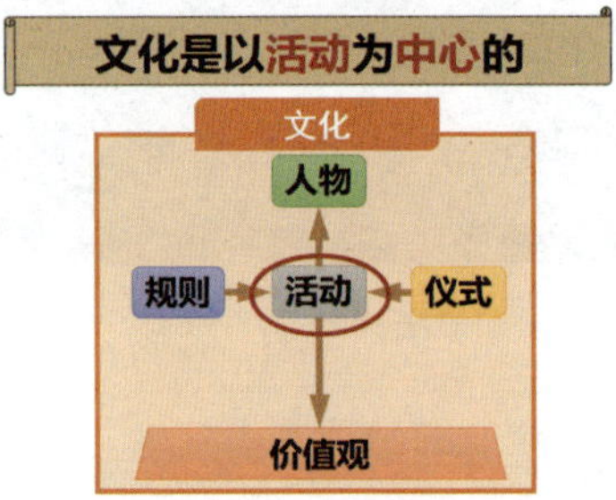


图 4–30　文化是以活动为中心

使命、愿景、价值观作为新鲜事物，没有活动的话，它们是不容易被接受的，而要通过活动让文化深入人心，最后成为我们的习惯甚至本能（见图 4–31）。

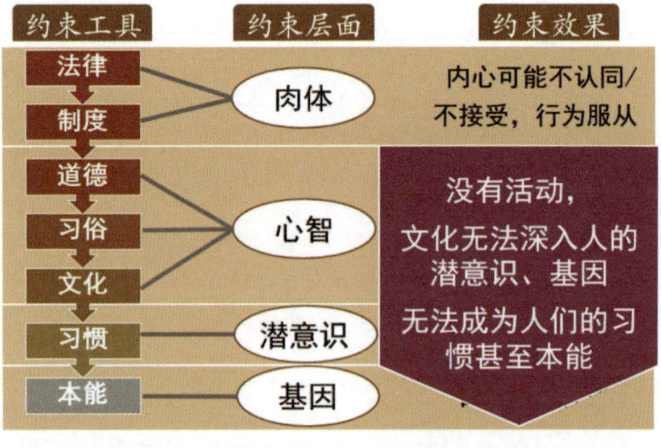


图 4–31　通过活动让文化成为人们的习惯和本能

以活动为中心是什么意思？比如，我们前面提到的360周鸿祎，他真正研究了阿里和华为的文化。他说，学习中发现，这些公司会用形式化甚至仪式化的东西来做文化。仪式化的东西，是不是就是活动？

我们来看看阿里是怎么把价值观传导到全员、深入人心的（见图4–32）。阿里的价值观经历了三次大的更迭：2001年的时候提出了九点，叫独孤九剑，最开始取名九阴真经，后来发现不太好，改名独孤九剑；到2004年的时候升级为六脉神剑；再到2019年马云退休的时候，升级为新六脉神剑，还是六个点，但是说法上有了改变。

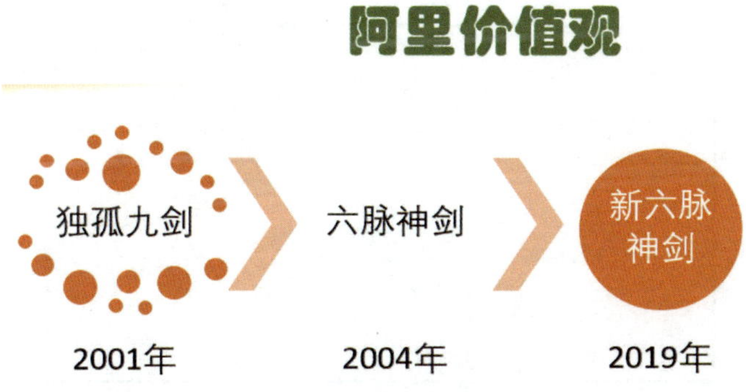


图4–32　阿里价值观

六脉神剑是它的使命和愿景（见图4–33）。

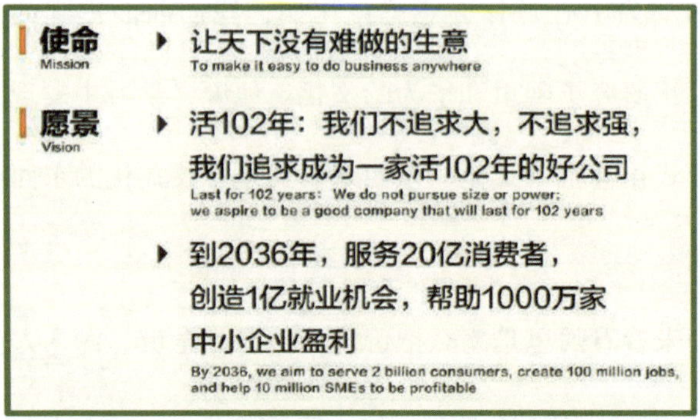


图 4–33　六脉神剑是阿里的使命和愿景

阿里六个价值观：客户第一，员工第二，股东第三；因为信任所以简单；唯一不变的是变化；今天最好的表现是明天最低的要求；此时此刻非我莫属；认真生活快乐工作（见图 4–34）。

我们看这六点，讲的时候好讲，怎么做呢？是不是会有这个问题？

图 4–34　阿里六个价值观

这里面，唯一不变的是变化，企业如何让这一点深入人心，真正成为大家内心的东西？它内在提倡的是说我们要迎接变化，勇于创新（见图 4–35）。

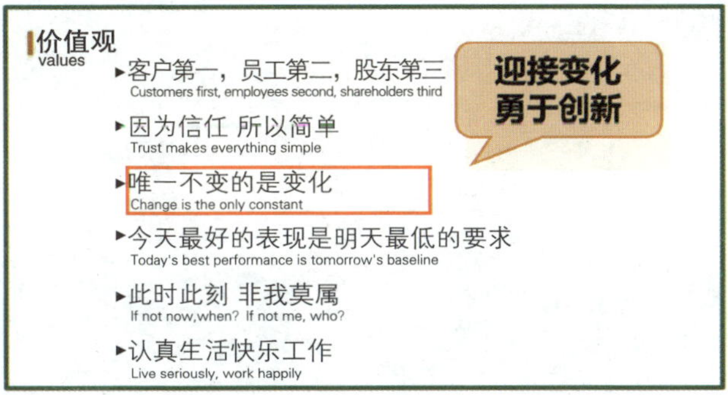


图 4–35　唯一不变的是变化

我们以阿里的活动为例。阿里有这么一面墙，叫倒立墙，上面写了几个字，叫换个角度看世界（见图 4–36）。它也对倒立进行了解读，说人倒立的时候看世界的角度和平时不一样，这是逆向思维，也就是所谓的改变创新。

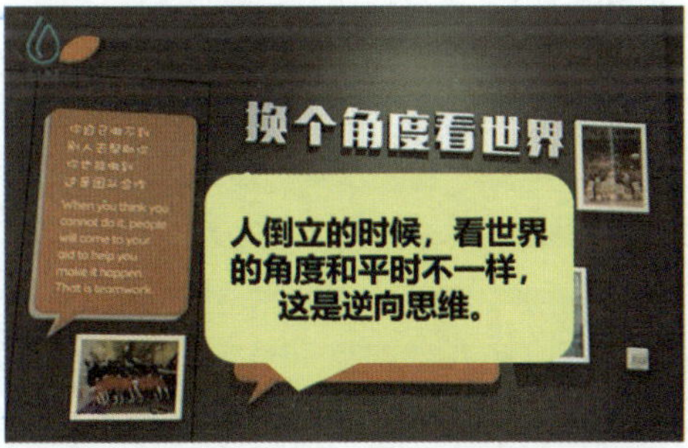


图 4–36　阿里倒立墙——换个角度看世界

怎么做到呢？每一个入职阿里的员工必备的一个武功——你必须会倒立（见图 4-37）。

图 4-37　阿里必备武功——倒立

新入职的员工都要过这一关，无论胖瘦、高矮，你必须三个月内学会，男员工要坚持 30 秒，女员工要坚持 10 秒，否则只能卷铺盖走人（见图 4-38）。

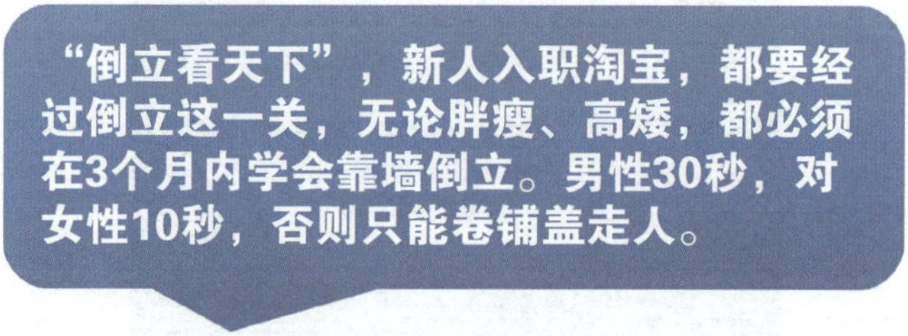


图 4-38　“倒立看天下”

这是阿里在早期的时候，员工们叠罗汉式的倒立（见图 4–39）。

图 4–39　阿里员工叠罗汉式倒立

据说马云有一个绝技，就是单手倒立，别人是双手，他是单手 1 分钟以上。

马云之所以要倒立，是因为他有一个偶像是日本的排球女将，而这位排球女将有一次分享了倒立给她带来的诸多好处。于是马云就把倒立作为自己的一个日常动作。有一次，他的偶像来参观阿里，为了迎接偶像，马云必须想出一些创意的东西，怎么办呢？让员工倒立！然后偶像来的时候表演集体叠罗汉，他的偶像也非常震惊，从那以后倒立慢慢延续了下来。

而马云在倒立过程中，运用逆向思维领导阿里渡过了非常重要的一个关口。当时易趣在国内做得非常大，也是做贸易平台的，在中间收提成。马云当时就想我怎么超过易趣，也是在倒立的思维过程当中，他想到了你既然收费，我就不收费（见图 4–40）。突破了这一点，才有了现在的阿里。

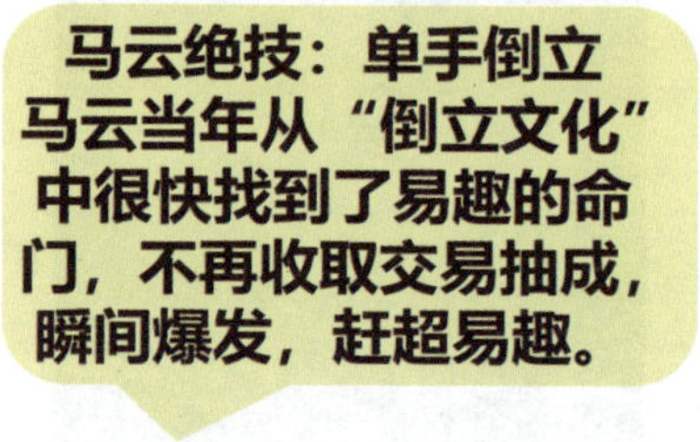


图 4–40　阿里从倒立中迸发灵感赶超易趣

这是倒立文化给阿里带来的益处，久而久之，也成为他们的一个传统活动。

快乐工作，认真生活，讲的就是要像享受生活一样快乐工作，像对待工作一样认真生活（见图 4–41）。怎么做？

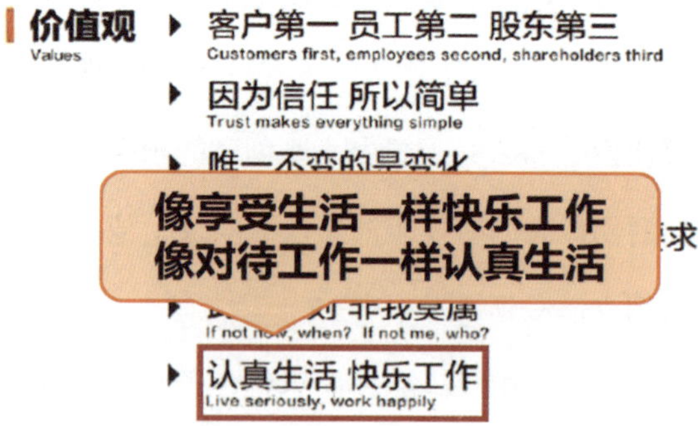


图 4–41　“像享受生活一样快乐工作”“像对待工作一样认真生活”

我们也来看看阿里在这一点上是如何做到为大家所接受，这么深入人心的。阿里提倡快乐工作，它整个装修风格是很典型的“阿里橙”，很有活力（见图 4–42）。

图 4–42　快乐工作，认真生活

如图 4–43 所示是阿里的一面墙，上面用世界各国语言写的“快乐工作，认真生活”。

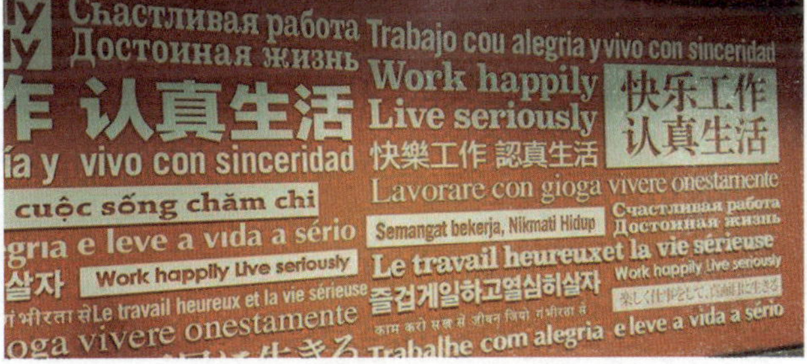


图 4–43　用世界语言书写的“快乐工作，认真生活”

当然，这一点写上去但却还做不到。怎么办呢？阿里有一个重要的节日，每年的 5 月 10 日是阿里日（见图 4–44）。

5·10——阿里日

图 4–44　阿里日

阿里日公司会举办一次盛大的庆典（见图 4–45）。

5·10——阿里日

图 4–45　阿里日盛典

庆典上提出来“生活不易，更要有情有义”，把生活提出来了，情义也提出来了（见图 4–46）。

图 4–46　生活不易，更要有情有义

阿里日这天阿里人要对亲友和家人表达感恩，是不是把工作和生活连在一起了？要办什么活动呢？组织集体婚礼和亲友见面会，它所想要表达的就是工作和生活不是平衡，而是融合。我们很多人会把工作和生活对立起来。其实当时新六脉神剑最后一条要怎么写，马云和张勇纠结了半天，就想工作和生活怎么平衡。后来马云终于想清楚了，没办法平衡。因为你只要想到平衡，就会把这两者对立起来看了，工作和生活不是平衡的关系，而是融合的关系（见图 4–47）。

- 5·10是阿里人对亲友和家人表达感恩的日子
- 会组织集体婚礼和亲友见面会
- 工作和生活，不是平衡关系，而是融合关系

图 4–47　阿里日活动

大家看到的是 2019 年阿里日的时候，阿里的集体婚礼现场（见图 4–48）。

图 4–48　阿里日集体婚礼

这个活动是 2006 年初办的，只有 8 对新人。2019 年时有 102 对，而且报名的有 1000 多对，最后从里边挑选出 100 多对，办了盛大的婚礼，马云跟他们合影。

另外，马云还作为婚礼的证婚人出现在公众面前。

马云在婚礼上发表重要讲话，他说：证婚年限 80 年，80 年以后可以离婚，80 年以内不能轻易离婚。这是集体婚礼。

再看亲友见面会，不只是马云，其他管理人员也都体现了对于员工和他们生活的一种关爱。比如逍遥子说："我们的员工好，阿里才会好，我们的家庭好，阿里才会好"。最有名的前台也是阿里 CPO 童文红说："阿里最宝贵的产品是我们的小二"。又体现了江湖文化，它的员工就是它的小二。

我们来看看亲友见面会上邀请的员工父母来视察工作的场面（见图 4–49）。

图 4–49　亲友见面会上员工父母"视察"工作（一）

如果父母是这么"视察"工作的，他们会不会支持你的工作？父亲玩得很开心（见图 4–50）。

图 4–50　亲友见面会上员工父母“视察”工作（二）

还有亲子活动（见图 4–51）。阿里宝宝们从小就在阿里的环境中长大，为阿里加油。这就是阿里的生活和工作，很好地融合在一起。

图 4–51　阿里亲子活动

这是阿里员工大合影的场面（见图 4–52）。

图 4–52　阿里员工大合影

据说一次聚会上，有一个程序员，之前工作非常忙，所以他的妻子对他很有意见。但是在亲友见面会上，妻子就冲到了台前说感谢阿里，感谢阿里把我老公招了进来，她非常认同他老公这种奋斗，工作虽然忙碌，但是非常支持。

我们看阿里通过很多具体的行动，来让它的文化价值诉求深入人心。我们今天只列举了其中少部分例子，时间有限。

所以，我们跟大家探讨交流的第四个误区是把企业文化等同于使命、愿景、价值观（见图 4–53）。因为只有这三个没办法深入人心，这都是表面上的。哪怕贴在墙上，字再明显，哪怕你每次开会之前把使命、愿景、价值观各讲一遍，也不会深入人心。如何深入人心？要通过活动，然后配套相应的仪式、规则和人物符号，才能真正深入人心。这其中的关键词是靠活动，而且是生动的活动。如果这个活动像走流程一样，就失去意义了。

### 误区四：企业文化=使命、愿景、价值观

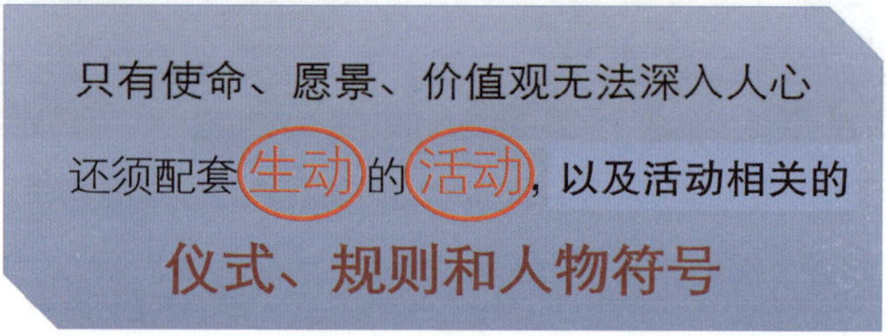


图 4–53　企业文化误区之四——企业文化 = 使命、愿景、价值观

## 第五节　误区五

有的企业说我们每年也组织好多活动，而且很有意思，员工玩得也很开心，是生动的活动。但是，这种文化建设的效果好像不太好。这是为什么呢？

企业有没有组织过这些活动，比如一起去旅游，天涯海角打个卡。再有K歌到尽兴，或者一起运动、打羽毛球挥汗如雨，还有一块儿聚个餐放松一下，甚至去轰趴馆打牌，玩得很尽兴（见图4–54）。

图4–54 企业活动

这些活动的效果怎么样？玩得倒是挺开心的，但是活动结束之后员工有什么变化吗？可能仅限于活动结束后一两天情绪比较好，员工彼此更熟悉，除此之外，没有任何变化。

为什么没变化？我们说文化以活动为中心，很多人就记住这句话了，但是还有另外一句话：活动是方法，目的是实现价值诉求。所以文化的目的是实现价值诉求，这一点是不能忘记的（见

图 4–55）。

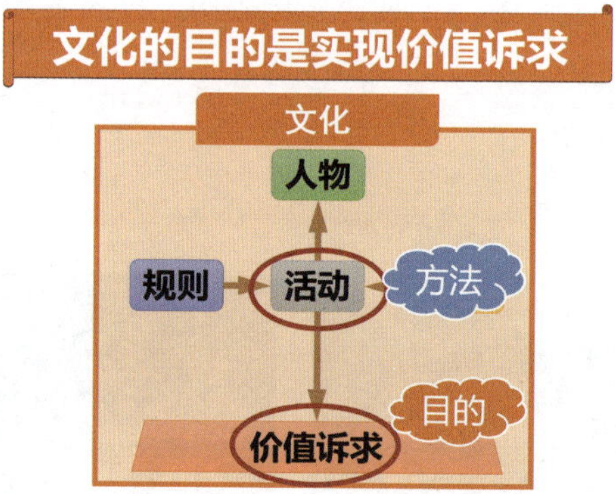


图 4–55　文化的目的是实现价值诉求

我们看到的这些活动虽然生动，有参与感，但是效果却不好。原因就在于，企业在组织这些活动时是为了实现什么价值诉求呢？这些价值诉求是企业需要的吗？我的企业到底有什么文化价值诉求？大部分企业其实只看到别的企业经常组织这些活动，也随大流，并没有考虑过价值诉求（见图 4–56）。

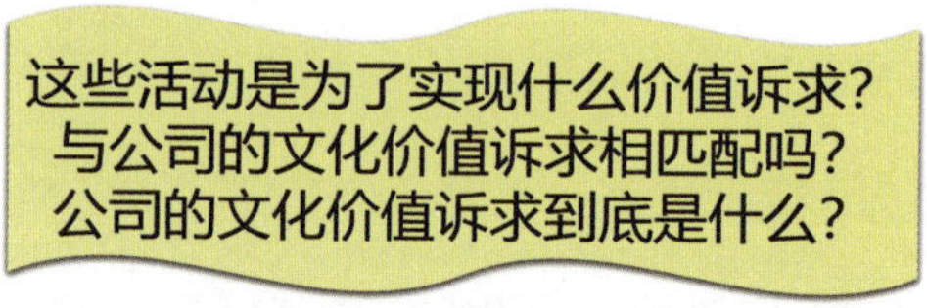


图 4–56　公司的文化价值诉求到底是什么

这就是我们跟大家探讨交流的第五个误区，把文化活动等同于休闲娱乐活动（见图 4–57）。

我们前面提到文化活动必须生动，所以它要有娱乐性。但是，它并不等同于休闲娱乐活动，它的目的是实现文化价值诉求，所以必须围绕价值诉求来组织。

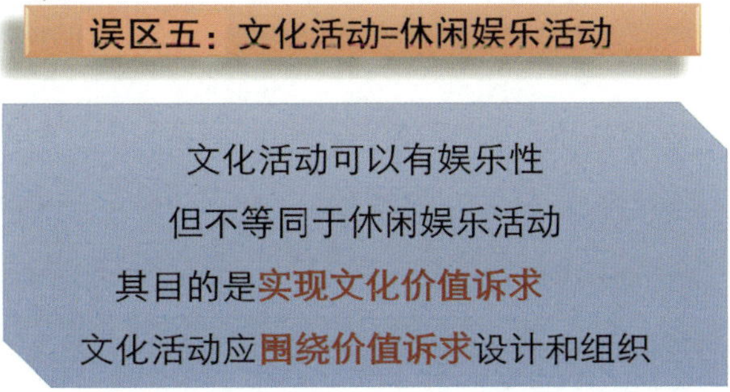


图 4–57　企业文化误区之五——文化活动 = 休闲娱乐活动

其实无论是我们的管理人员，还是我们的员工，举办活动的时候，通常参与性都很高，因为轻松。我在明德体会非常深刻，明德有一次组织了一场带有文化价值诉求的活动，我们请了外部机构做这种文化价值的培训和落实。而在活动当中，有个别员工就和老师发生了一定的冲突。后来他解释自己为什么会有这种举动，是因为他内心觉得我们这两天是来旅游的；但其实公司组织这些活动是为了让大家更有团队意识、学会相互关爱，但是员工把它等同于休闲旅游了，从而产生偏差。

这是我们跟大家探讨交流的第五个误区。

# 第六节　误区六

现在我们知道文化活动要围绕价值诉求来打造，我们也这么做了。但是，效果如何？员工会不会有排斥？当然会。

如图 4–58 所示，马云说过这样一句话："文化是考核出来的。如果你们家的价值观和文化是贴在墙上的，每个季度不需要考核的，你也不知道怎么考核的，全是瞎扯！"

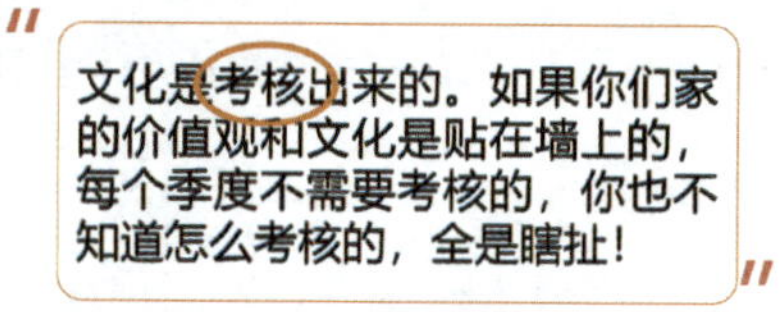


图 4–58　文化是考核出来的

如图 4–59 所示，任正非也说过类似的话："文化血脉相传不是在大喊大叫中建立起来和传承下去的，它要落实到若干考核细节中去，要春雨润物细无声般地将文化溶解在血液中。"

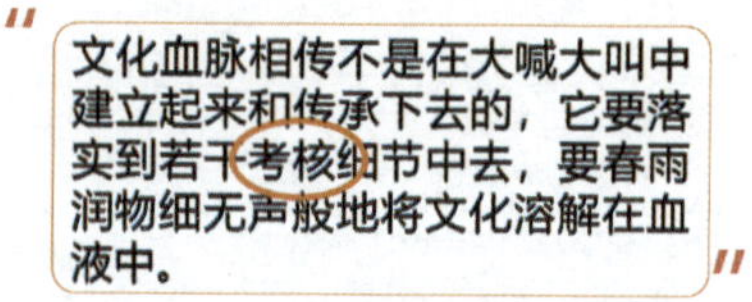


图 4–59　文化要落实到若干考核细节中

我们前面提到文化是软性的，考核是硬性还是软性的（见图 4–60）？答案是硬性的。两位企业家的说法对吗？

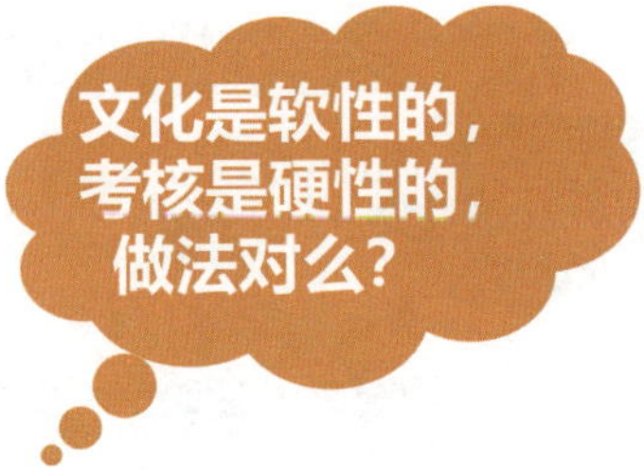


图 4–60　文化是软性的，考核是硬性的

如果对，为什么对？前文中提到的倒立，是阿里的硬性要求，你不过关就要走人（见图 4–61）。

图 4–61　阿里入职硬性要求

我们前面提到文化包含五个要素，任何一个文化在产生之后，

我们如果分析它，静态情况下都有这五种要素（见图 4–62）。

但如果在文化还没形成、在打造过程当中，只有这五个要素够吗？

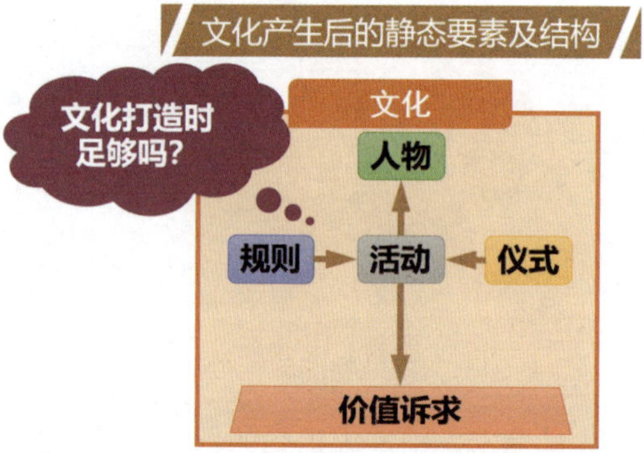


图 4–62　文化产生后的静态要素及结构

文化打造过程中只有这五个要素是不够的。这就要给大家介绍一个动态的要素结构：我们有价值诉求，依靠活动，通过规则、仪式、人物符号去实现（见图 4–63）。这中间还缺一项，那就是制度。

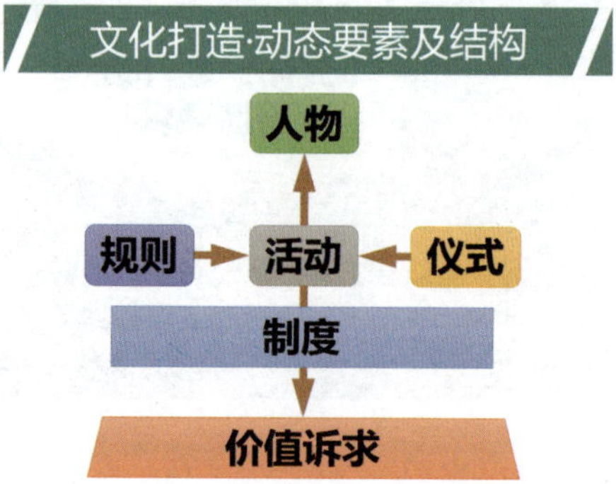


图 4–63　文化打造 · 动态要素及结构

制度是什么？是支撑活动的制度，是为了把与活动相关的规则固化下来，让它得以传承。任何一个活动在刚开始组织的时候，可能大家对规则都不明确，甚至不想参与，所以必须要有制度做保障，才能建立起文化（见图 4–64）。

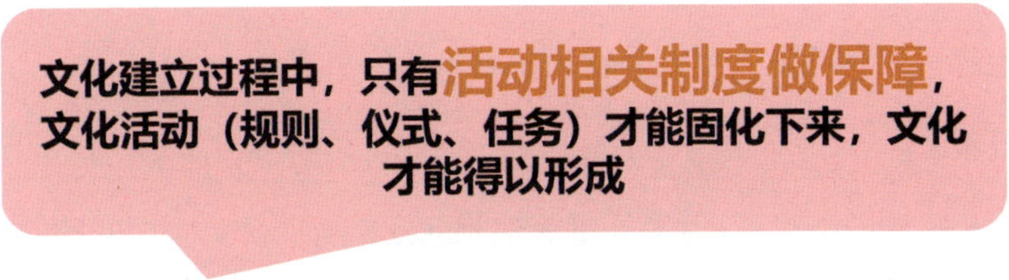


图 4–64　有制度做保障才能建立文化

以阿里倒立为例，最开始也有很多人是有抵触情绪的，所以阿里出台规则，员工第一周如果倒立不过关，下一周再培训，直到过关为止。所以阿里的倒立文化才能沿袭下来，而不是走过场，敷衍了事（见图 4–65）。

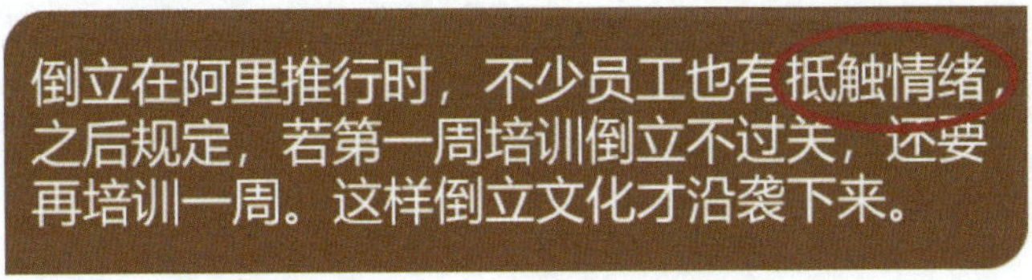


图 4–65　阿里倒立文化调整

其他企业也是同样的做法。比如通用，其实阿里的很多文化借鉴于通用，为什么？因为在阿里的生命历程当中有一个非常重要的人物，是谁？蔡崇信，从某一个角度来说对阿里是非常重要的，但不是他，而是另外一个人，可能大家不太知道——关明生。关明生在通用工作了 16 年，于 2001 年的时候加入阿里，他当时是首席运营官，他的重要之处就在于帮助阿里搭建起了企业文化的体系，包括最初的独孤九剑就是在他主导下总结出来的，然后一步一步升级。

通用的杰克·韦尔奇也非常深刻地意识到了制度对于文化落实的重要性。他倡导无边界的价值观，他贯彻这个价值观，发现效果也不好。直到当他宣布有人是因为缺乏无边界行为、缺乏这种价值观而被解雇的时候，这种价值理念才开始真正地深入人心（见图 4–66）。

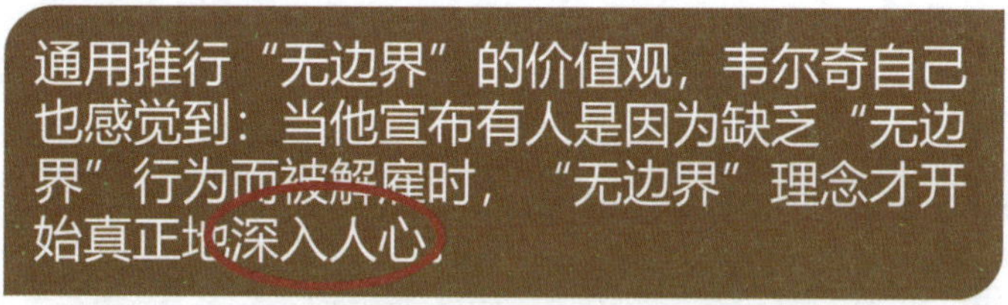


图 4–66　通用的“无边界”理念

这种情况下，打造企业文化的时候，就不是五要素了，而是六要素，必须把制度加进去。

马云也讲到，制度和文化之间并不是对立的关系，制度是用来强化文化的，来建设文化和保障文化的（见图 4–67）。

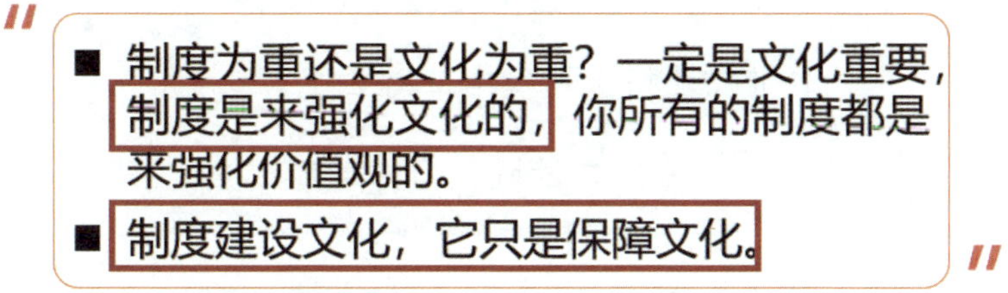


图 4–67 制度和文化之间不是对立关系

任正非也是类似的观点：华为文化落实的关键就是文化制度化（见图 4–68）。

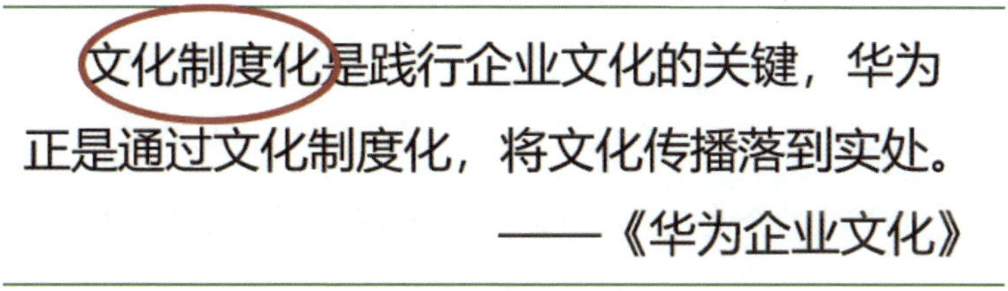


图 4–68 文化制度化是践行企业文化的关键

这是我们跟大家探讨交流的第六个误区。打造企业文化，缺乏硬性规则，没有制度做支撑，很难得到落实（见图 4–69）。所以制度是用来强化企业文化的。我们在打造企业文化的过程当中必须以制度为保障，使文化真正落地。

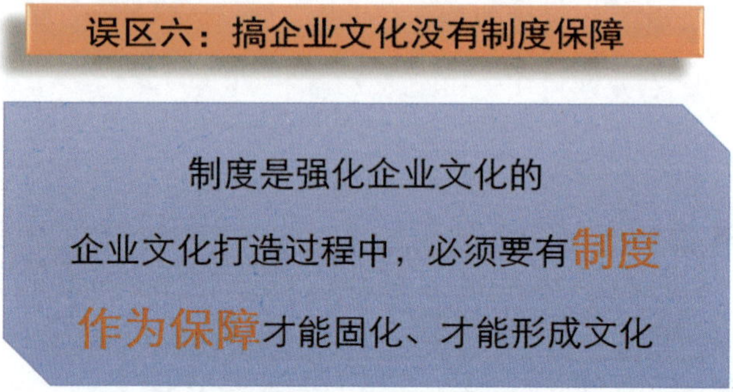


图 4-69　企业文化误区之六——搞企业文化没有制度保障

这里说的制度不是规定我们企业的使命、愿景、价值观是什么，而是围绕文化活动的制度，这个制度是支撑我们的活动的，不是价值诉求的制度，而是活动的制度。

我们一起来回顾一下在第四部分跟大家探讨交流的六大误区。第一个误区是，觉得“企业没文化”。任何一个企业都有文化，只不过是否与我的企业匹配、对企业是否有利。第二个误区是，盲目模仿成功企业的文化，我们说文化没有优秀不优秀之分，要看跟自己的企业匹不匹配。第三个误区是，企业文化就是老板文化。我们说企业形成了什么样的文化，深受老板影响。但是企业需要什么样的文化？这个不等同于老板文化，而是缺什么补什么。第四个误区是，把企业文化等同于使命、愿景、价值观，这个是没办法深入人心的，还必须要有活动，而且是生动的活动。第五个误区是，活动虽然很生动，但不等同于休闲娱乐活动，活动的目的是实现文化价值诉求。最后一个误区是，打造企业文化的时候，没有制度做保障，很难落实下去（见图 4–70）。

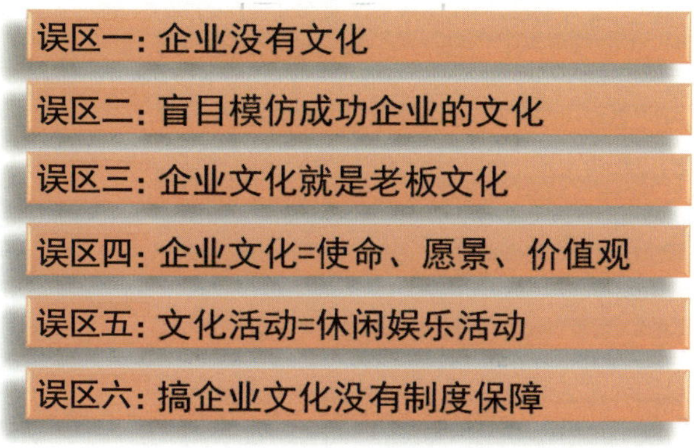


图 4–70　企业文化常见误区

# 第五章
# 如何建设企业文化

第四章跟大家探讨交流的是认识企业文化和打造企业文化的时候，要尽量规避的六个误区，现在我们来研究一下，如何建设企业文化。

## 第一节　企业文化建设的流程

做任何一件事，它的基本逻辑都是这样：首先我的现状是什么，然后我拿它去跟标准做对比，就得到了我现在的问题，顺着这个问题，我制订解决方案，然后把这个方案落地执行，这件事基本就做完了（见图 5-1）。

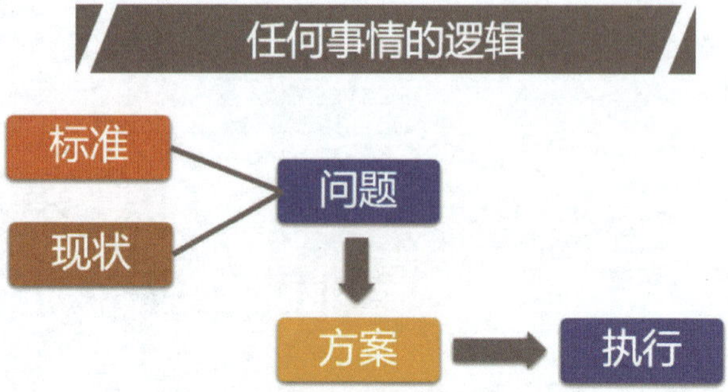


图 5–1　做任何事的基本逻辑

企业文化搭建也是同样的逻辑，我们来看一下企业文化建设的流程。

首先需要了解我们的现状，做企业现状的调研（见图 5–2）。大家觉得要调研什么？非常好。我们刚才讲企业的状态分为两个方面，一方面是我们的企业类别，这是从空间角度而言。另一方面是我们的发展阶段，这是从时间角度而言。这是呈现企业的状态。

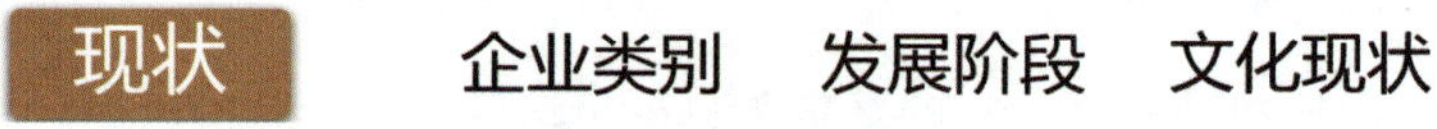


图 5–2　企业现状

现状还应该有什么？就是我们目前的文化现状。文化现状具体要了解哪些？怎么了解文化现状？我们要结合前面学过的内容。文化现状围绕我现在有什么价值诉求、我现在有什么活动、这些活动有些什么规则、有些什么仪式、有什么人物符号五个要素来展开就对了（见图 5–3）。

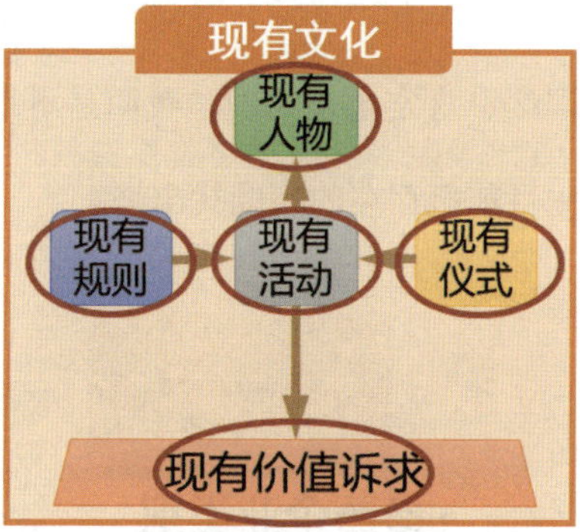


图 5–3　通过五要素了解企业文化现状

我们要进行的第一步是了解企业类别、发展阶段和文化现状（见图 5–4）。

图 5–4　企业现状调研

了解了企业的文化现状，下一步就是企业文化问题诊断（见图 5–5）。诊断问题的时间、标准是什么？我们前面四部分跟大家交流的是不是就是标准？我们有什么样的企业类别就应该用什么样的文化。我们有什么样的发展阶段就应该有对应的文化，这是不是都是标准？还有文化包括五个要素，这是不是也是标准？以及我们如果陷入了六大误区，肯定也是问题。我们是不是可以从这四个角度把我们企业文化目前所存在的问题找出来？

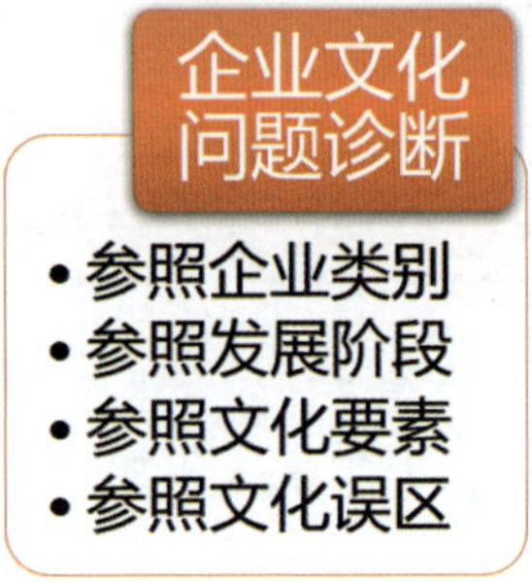


图 5–5　企业文化问题诊断

问题找到了，下一步就要确定文化建设方案（见图 5–6）。实际上就是把我们第二步找到的这些问题进行改进。比如说价值诉求与企业类别不匹配，我应该加入我需要的文化诉求。如果我的文化体系里只有价值诉求，缺少活动，那就匹配上相应的活动。如果活动办起来规则不明确，那就把规则明确下来等，这就是把原有问题一一改进。这其中非常重要的一个环节就是我们原来有文化价值诉求，但发现这些价值诉求不对或者不足够，我还有更需要的价值诉求，那就要确定所需要的价值诉求。这是非常关键的一环，是我们在建设企业文化定方案时的一个基石。

图 5-6　确定企业建设方案

明确了价值诉求，下一步就是围绕组织活动，明确规则、仪式、人物符号等五要素打造企业文化。把这些明确之后还要以制度化形式沉淀下来，否则做着做着就忘了。所以在打造企业文化的时候，就要有活动、规则、仪式、人物符号以及制度，这是我们整个企业文化建设的流程（见图 5-7）。

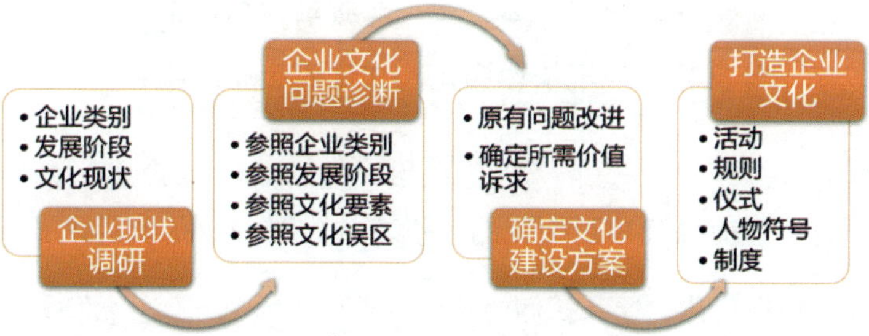


图 5-7　打造企业文化建设流程

## 第二节　文化如何应对变化

这里面有个悖论。比如专利问题，技术变革迭代非常快，已申请的专利，过段时间技术又迭代升级了，原来我申请的那个技术对我还有意义吗？我还要做专利吗？我们做品牌，发现品牌的更迭也非常快，我还要打造品牌吗？同样地，我们的内外部环境变化也非常快，我的文化建起来还有效吗？我到底要不要做呢？我们怎么做才能应对这些变化呢？（见图 5–8）。

悖论

专利：技术快速迭代，专利能否保护住？

品牌：品牌快速更迭，品牌是否有作用？

文化：环境快速变化，文化还会有效吗？

图 5–8　如何应对变化

我们前面提到建设文化的时候，首先要确定价值诉求，外部环境不断在变化，导致我们的价值诉求也要随之改变。价值诉求变化，活动也要跟着变化，规则也要变化，人物符号也得跟着变化，变得过来吗？

价值诉求是分为两个部分的：不变的基础价值诉求和变化的动态价值诉求（见图 5–9）。什么意思？我们每个企业随着时间不断发展变化，而企业在发展变化中，有一些东西是永远不会变的，那就是我们的基础价值诉求。但还有一些东西是随着企业发展阶段，或者其他因素变化要随时调整的，这是我们的动态价值诉求。所以企业的文化价值诉求体系是由基础价值诉求和动态价值诉求共同构成的。

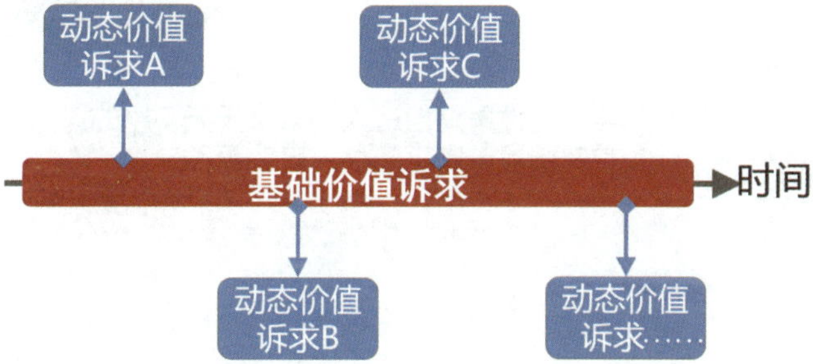


图 5–9　基础价值诉求和动态价值诉求

## 第三节　明德蓝鹰十大价值诉求

接下来我们来看一下，都有哪些价值诉求呢？文化价值诉求很多，就不一一罗列了。关于明德蓝鹰十大文化价值诉求，这里面包括五个基础、五个动态。这只是站在我们明德的角度来理解，不存在对错，每个企业当然可以有不同的选择。

我们先来看第一个。易经里面有一句话，天行健，君子以自强不息。孙中山也说，奋斗这件事要生生不息。什么价值诉求？答案是奋斗。我们觉得任何一个企业任何时候奋斗都是基础的价值观，这是不能变的（见图 5–10）。

图 5–10　基础价值诉求之一——奋斗

奋斗文化最典型的代表是华为，它提倡奋斗者为本（见图 5–11）。什么叫奋斗者为本？就是每个人都要靠自己的努力去创造价值、去做贡献，而利益机制就要倾斜于这些奋斗和做贡献的人，这才是奋斗者为本。任正非对这一点理解也非常深刻，他讲过：艰苦奋斗必然带来繁荣，这是对奋斗的一种自信；如果繁荣以后不再艰苦奋斗，必然丢失繁荣，所以奋斗是一刻也不能停的。这是第一个我们认为的基础价值诉求。

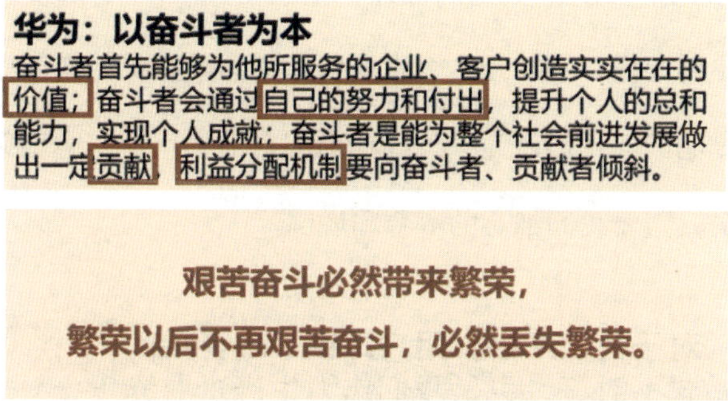


图 5-11 华为文化之奋斗文化

我们再来看第二个，责任（见图 5-12）。林肯曾说每个人都应该负别人所不能负的责任等。

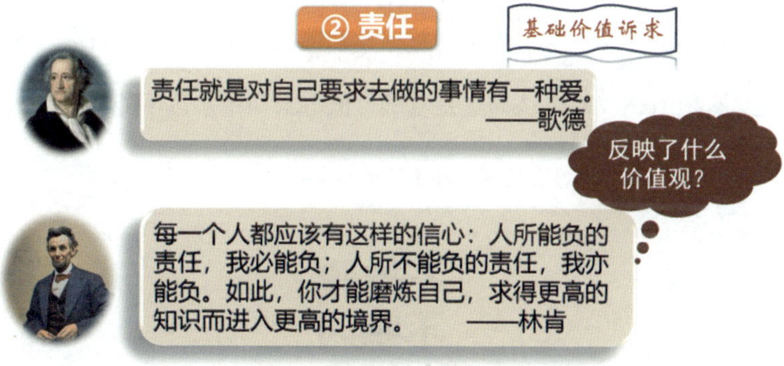


图 5-12 基础价值诉求之二——责任

我们来看责任的体现。丰田曾经召回一款车，其实当时美国的交通安全部门说跟丰田没关系。

但是，我们来看丰田的发言人讲了什么（见图 5-13）。他说："对于我们来讲，用户踩错了或者踩的方式不对等，也是我们作为生产企业的责任，不能把这个责任归结于驾驶人员的错误操作，或者去指责他们。我们认为，怎样让他们在下一次操作中避免发生同样的错误，需要我们细心的解释和说明。"

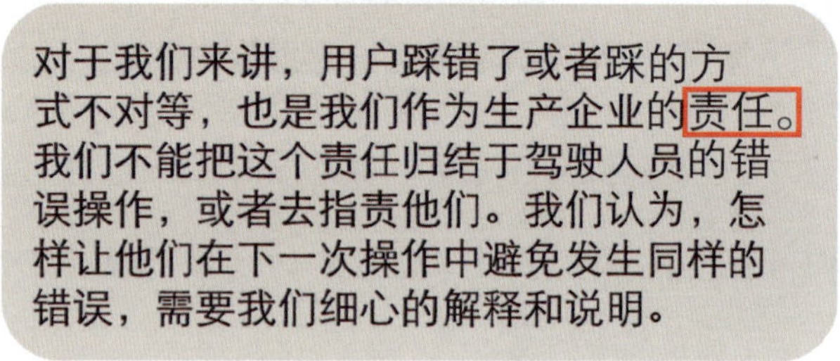


图 5-13　丰田回应"召回门"事件

我们看这是不是一种责任意识？它体现出来的就是不推脱、不躲闪、有担当，我们也认为这是基础价值诉求当中永远不能变的——责任（见图 5-14）。

图 5-14　不推脱、不躲闪，有担当的责任意识

我们再看第三个，民无信不立，诚信丢失了就再也找不回来

了。这个就是诚信（见图 5-15）。

图 5-15 基础价值诉求之三——诚信

联想董事长柳传志曾经说过，他希望他把企业做了很多年之后，别人想起来联想的时候，第一反应就是诚信，这就是他的梦想。他所讲的诚信体现在两个方面：一方面是个人要有信誉，另一方面是公司层面也有信誉（见图 5-16）。

> 柳传志强调“以信为本”，提倡两种信誉：一是个人的信誉，要求是：踏实做事，说到做到，点滴积累；取信于用户，取信于同仁，取信于上级，取信于下级，取信于政府；二是公司的信誉。要求是：以用户效益求公司效益，宁可损失金钱，绝不丧失信誉。

图 5-16 联想诚信体现在个人信誉和公司信誉

万达董事长王健林也一直强调信誉。他曾经在沈阳做了一个商业地产项目，这个地产经营效果并不好，所以租户集体诉讼他。后来法院判万达胜诉。虽然胜诉，但王健林还是坚持连本带利全面回购这些商铺，并且拆掉重建。这是不是一种诚信？已经判胜诉了，但是觉得我没有给这些租户带来利益，所以回购来维护自己的信誉（见图 5-17）。

沈阳太原街项目商铺出现经营困难现象，租户集体诉讼。尽管法庭判决万达胜诉，但王健林不仅连本带利全面回购这些商铺，而且将万达广场整体拆除重建。

图 5-17　万达集团在太原街项目中的诚信行为

这是我们认为的第三个基础文化价值诉求——诚信。

爱人者人恒爱之，关爱别人就是关爱自己。关爱是我们认为的第四大基础文化价值诉求（见图 5-18）。

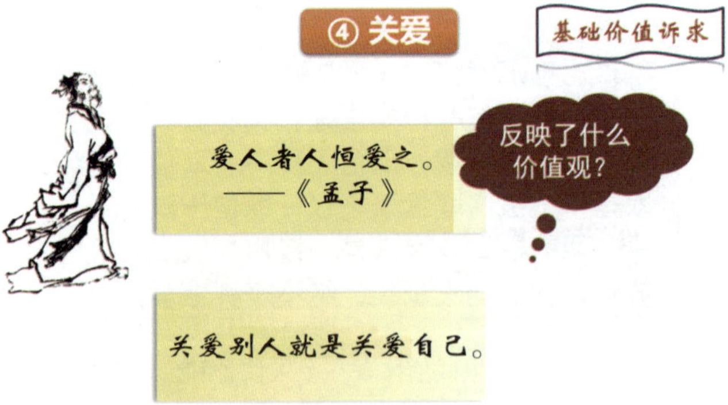


图 5-18　基础价值诉求之四——关爱

关爱一方面体现在对外，另一方面体现在对内员工。我们如何面对和对待自己的员工？是成本中心要花我的工资，还是生产工具，还是我的合作伙伴？经营之神松下幸之助曾说企业最大的资产是人（见图 5–19）。

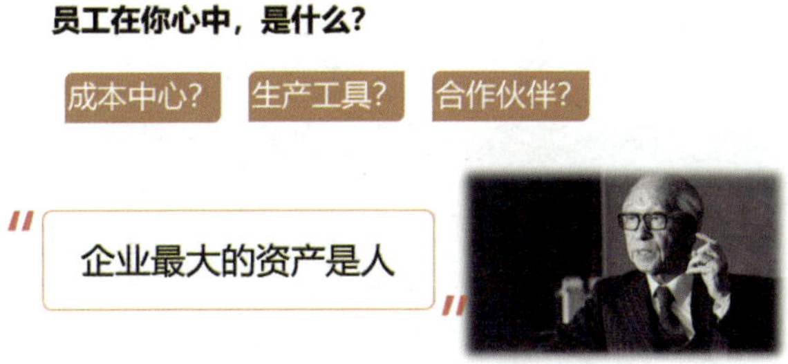


图 5–19　企业最大的资产是人

企业要想做大做强是依靠人的，我们要对员工时时保持关爱，这是第四个基础价值诉求。

第五个，团结就是力量，诉求团结和合作精神（见图 5–20）。

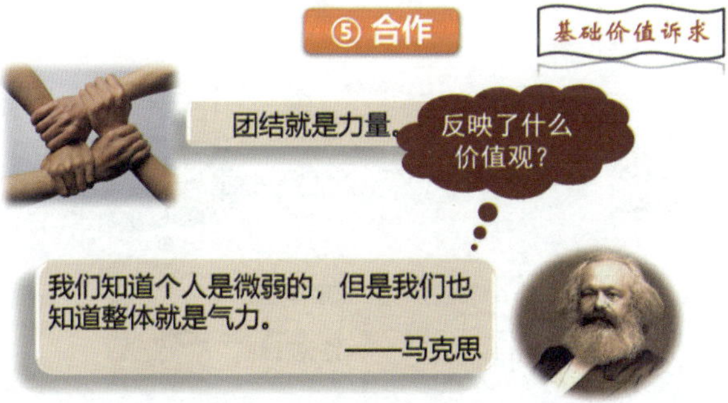


图 5–20　基础价值诉求之五——合作

我们都知道华为强调狼文化，那是不是强调个人英雄主义呢？并不是。任正非说华为非常厌恶个人英雄主义，他主张的是团队作战，胜则举杯相庆，败则拼死相救。所以华为靠的是群狼战术，在华为的价值体系里面，强调的是合作，独狼在华为的价值体系里面是没位置的（见图 5–21）。

> 华为十分厌恶的是个人英雄主义，主张的是团队作战，“胜则举杯相庆，败则拼死相救。”

> 华为是依靠大兵团作战的狼群战术，独狼在华为体系内没位置，而且他的业绩考核体系也不能容纳独狼。

图 5–21　华为依靠团队合作

这是我们认为的第五个基础文化价值诉求。

我们再来看一下有哪些动态的价值诉求。

第一个，苟日新，日日新，又日新。这是什么？——创新（见图 5–22）。

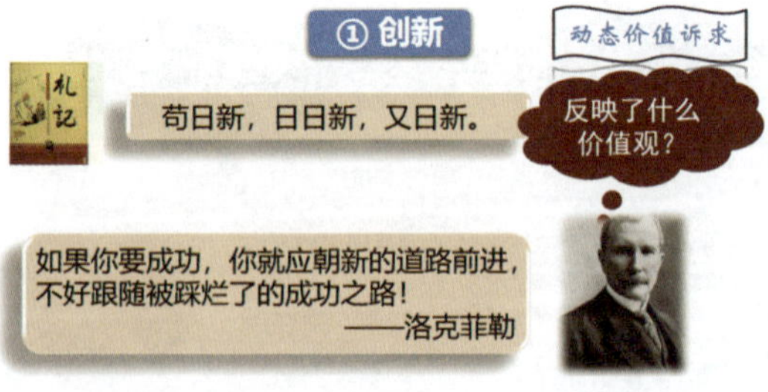


图 5–22　动态价值诉求之一——创新

创新非常重要，但我们没有把它列为一个基础的价值诉求，原因在于我们觉得它仅仅是在某些阶段和某些类型的企业里面是必不可少的，比如索尼、3M 这些公司都是倡导创新的（见图 5–23）。

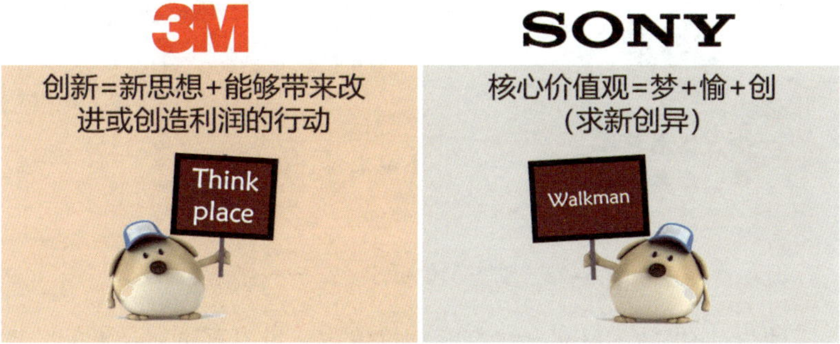


图 5–23　3M 和 SONY 倡导创新

创新精神通常是对于研发类以及成长期和成熟期的企业非常重要，对于其他类型企业未必是首要的（见图 5–24）。

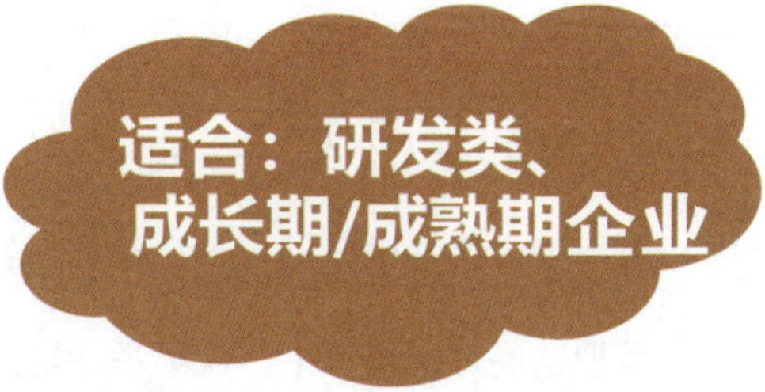


图 5–24　创新适合研发类等企业

第二个反映了什么价值观？节约。这是传统美德（见图 5–25）。

图 5–25　动态价值诉求之二——节俭

但我们也认为这是一个动态的价值观。世界首富亚马逊的老板贝佐斯，是以节俭出名的。我们看他把节俭上升为亚马逊领导的 14 条领导原则之一。亚马逊最初成立的时候他们把门拆下来当作一个桌子，非常节俭。后来企业设了“门桌奖”，奖励那些节约的人。亚马逊还有一个经典的案例，把节俭做到极致。我们都知道自动售货机里面有灯泡，这个灯泡可以让那些商品更好看。贝佐斯发现他们的物流中心里面也有售货机，但是不针对外部客户，他觉得完全没有必要，于是把这些灯泡都拆了。这项举动虽然只省了几万美元，但却充分体现了节俭文化（见图 5–26）。

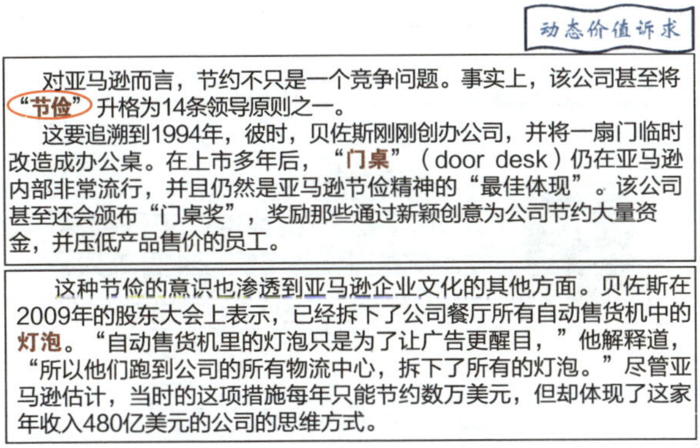
动态价值诉求

对亚马逊而言，节约不只是一个竞争问题。事实上，该公司甚至将“节俭”升格为14条领导原则之一。

这要追溯到1994年，彼时，贝佐斯刚刚创办公司，并将一扇门临时改造成办公桌。在上市多年后，“门桌”（door desk）仍在亚马逊内部非常流行，并且仍然是亚马逊节俭精神的“最佳体现”。该公司甚至还会颁布“门桌奖”，奖励那些通过新颖创意为公司节约大量资金，并压低产品售价的员工。

这种节俭的意识也渗透到亚马逊企业文化的其他方面。贝佐斯在2009年的股东大会上表示，已经拆下了公司餐厅所有自动售货机中的灯泡。“自动售货机里的灯泡只是为了让广告更醒目，”他解释道，“所以他们跑到公司的所有物流中心，拆下了所有的灯泡。”尽管亚马逊估计，当时的这项措施每年只能节约数万美元，但却体现了这家年收入480亿美元的公司的思维方式。

图 5-26　亚马逊的节俭文化

我们认为节俭文化对制造、零售、创业期、瓶颈期企业是非常适用的，而对其他企业未必是一个基础价值诉求（见图 5-27）。

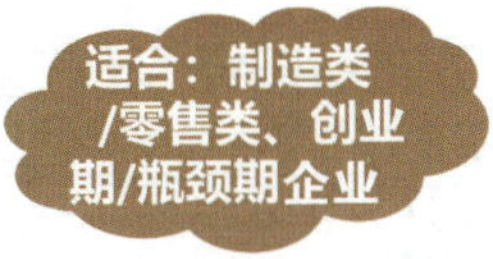


图 5-27　节俭适合制造类等企业

第三个反映了什么？精益求精（见图 5-28）。

图 5-28　动态价值诉求之三——精益求精

精益求精也是一个非常好的文化诉求。比如，保时捷，车装配非常快，但出厂前准备要几个月（见图 5–29）。

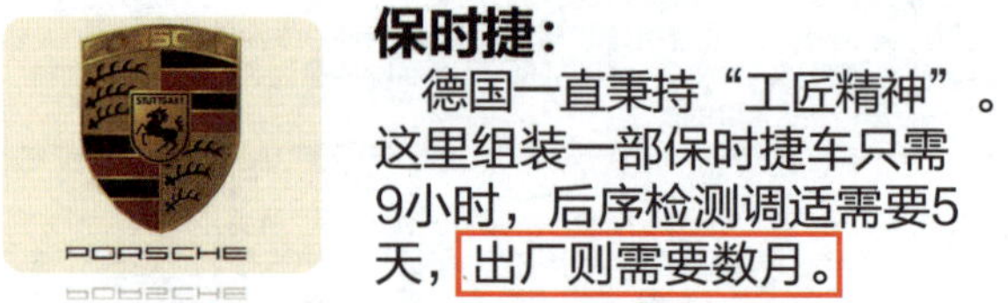


图 5–29　保时捷追求精益求精

再如，乔布斯，曾经因为不满意谷歌网站上苹果 logo 字母的颜色，还专门给谷歌打电话，要求技术人员修改，体现了精益求精（见图 5–30）。

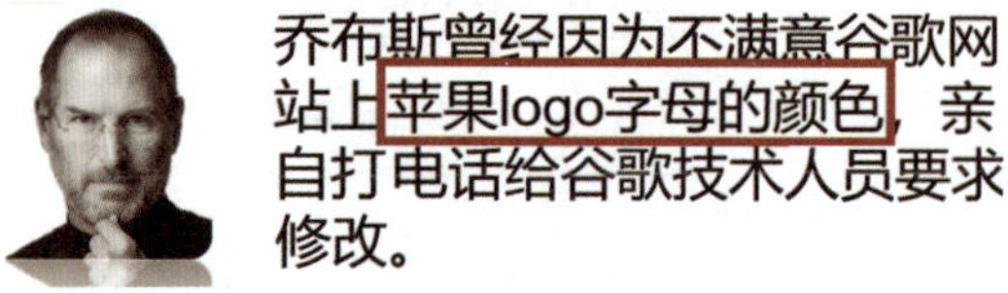


图 5–30　苹果公司秉承精益求精

我们通常认为精益求精适合产品类企业，服务类企业需要的是关爱（见图 5–31）。

图 5–31　精益求精适合产品类企业

我们再看这个反映了什么？懂得平等待人，公平、民主、平等（见图 5-32）。

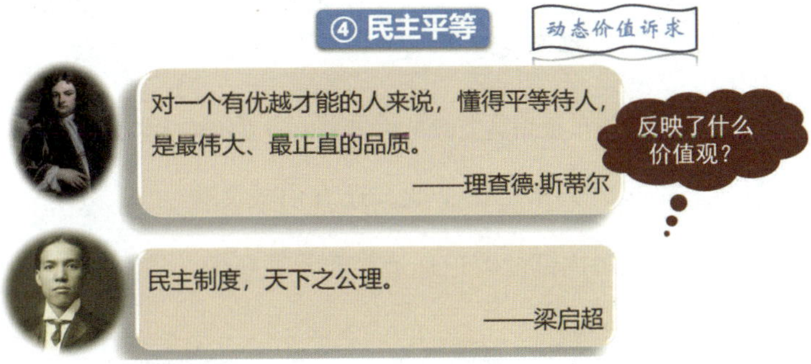


图 5-32　动态价值诉求之四——民主平等

微软有这样一句话：没有永远的领导和员工。在他们的团队里面地位都是平等的（见图 5-33）。

在微软有这样一句话：没有永远的领导与员工。在微软，员工们没有级别之分，在自我管理小组的团队结构中，成员之间的地位平等，大家共同参与决策，共同为目标负责。

图 5-33　微软追求地位平等

另外一个企业，腾讯，简直把这一点做到了极致，连他们公司的卫生间用蹲式还是坐式的都要根据员工的意见做决定（见图 5-34）。

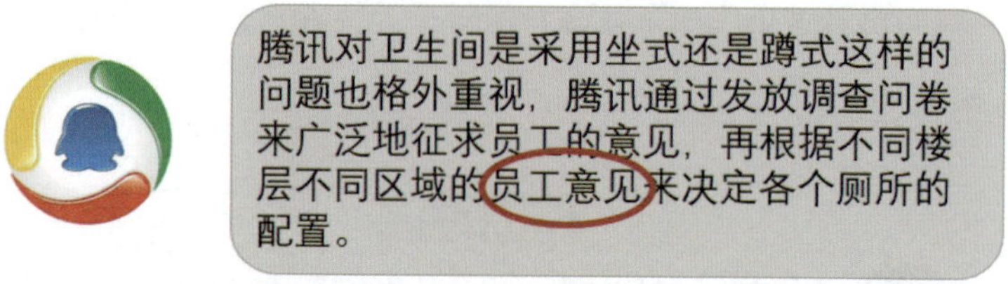


图 5-34　腾讯根据员工意见决定卫生间采用蹲式还是坐式

微软、阿里、腾讯三家企业，还有白板文化、“裸聊”文化以及内部论坛，所以内部的言论通道是非常通畅的（见图 5-35）。

图 5-35　微软、阿里、腾讯内部言论通道通畅

这都体现了他们民主、平等以及包容开放的文化。

但这些也只适合研发类、互联网企业和成长期企业，其他类型的企业，很多时候还是需要一些专制的（见图 5-36）。

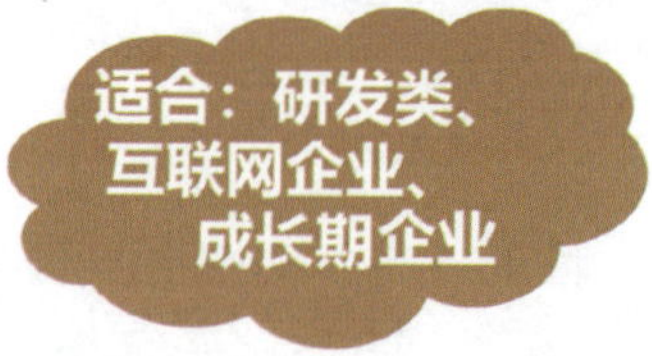


图 5-36　民主平等适合互联网等企业

我们再看第五个，这体现了什么？高绩效（见图 5-37）。

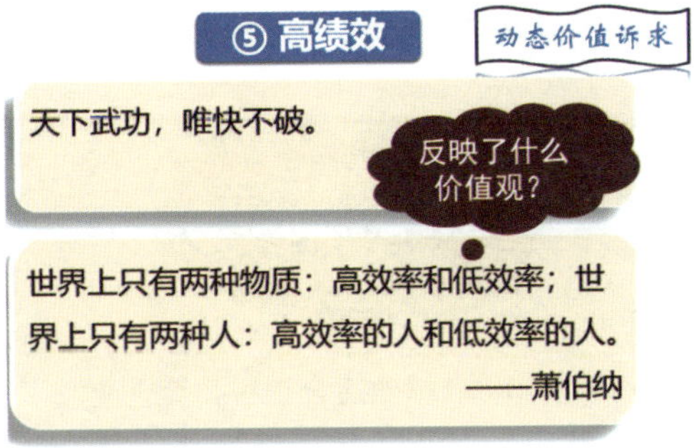


图 5–37　动态价值诉求之五——高绩效

高绩效诉求就是追求优异绩效，渴望胜利的文化（见图 5–38）。

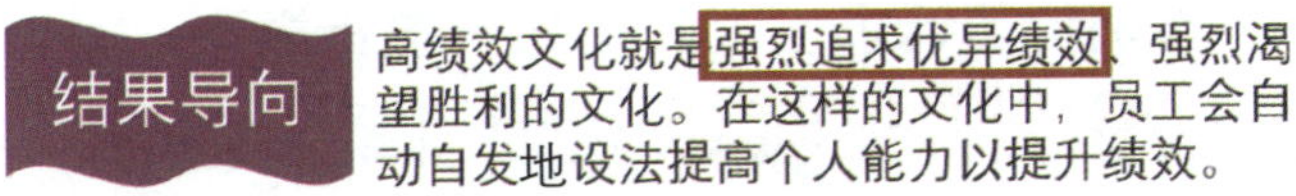


图 5–38　高绩效的结果导向

比如 IBM 和华为都是高绩效文化的典型代表（见图 5–39）。IBM 是把家庭文化转为了高绩效文化。而华为更是做到了极致，我们说很多企业在考核员工的时候，都包括态度、能力、绩效，华为开始也是这么做的。但是 1998 年以后它只考绩效，不考能、不考勤。

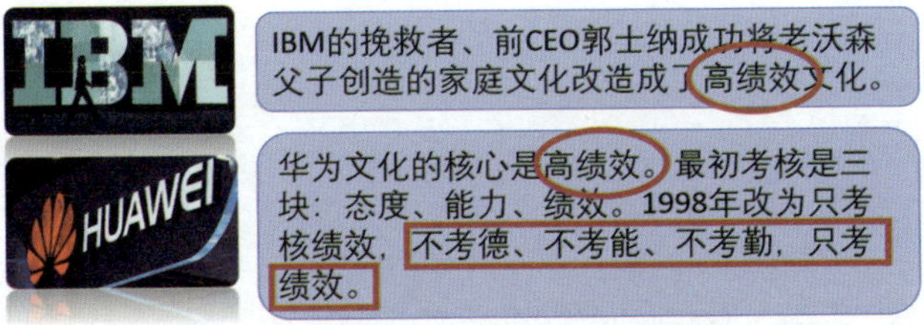


图 5–39　IBM 和华为追求高绩效文化

高绩效通常适合销售类、成长期突破期企业（见图 5-40）。

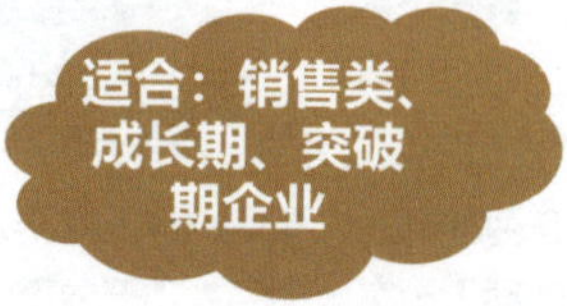


图 5-40　高绩效适合销售类等企业

这些就是明德的十大文化价值诉求，仅供参考，企业可以根据实际情况来选择、调整（见图 5-41）。

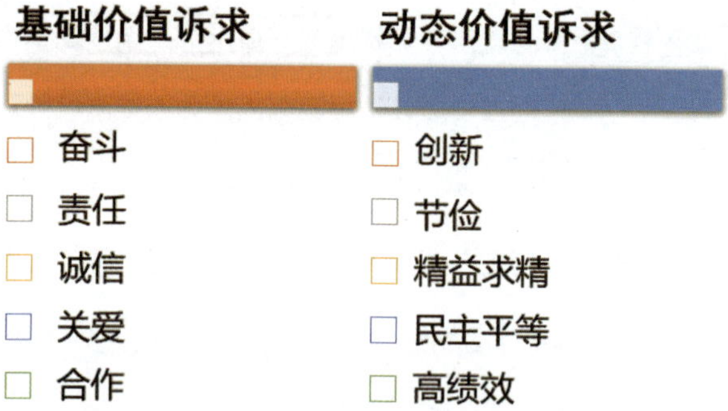


图 5-41　十大文化诉求

# 第六章 回顾总结

我们一块儿来回顾一下整个企业文化跟在座探讨交流的内容。

首先，我们探讨的是企业文化的作用和影响（见图 6–1）。我们发现人是环境的产物，时时刻刻受环境影响。而文化环境作为环境的一部分，更是在影响我们的思维和行为方式。企业文化是企业的灵魂，起到非常关键的作用。

图 6–1 文化环境的作用与影响回顾

那么到底什么是企业文化呢（见图 6-2）？我们从文化的要素和结构两方面来认识。首先包括五个要素，再复习一下——价值观、活动、仪式、规则、人物符号。它们之间是什么关系？核心就是以活动为中心，目的是实现价值观，而规则、仪式、人物符号都是为了支撑活动（见图 6-3）。

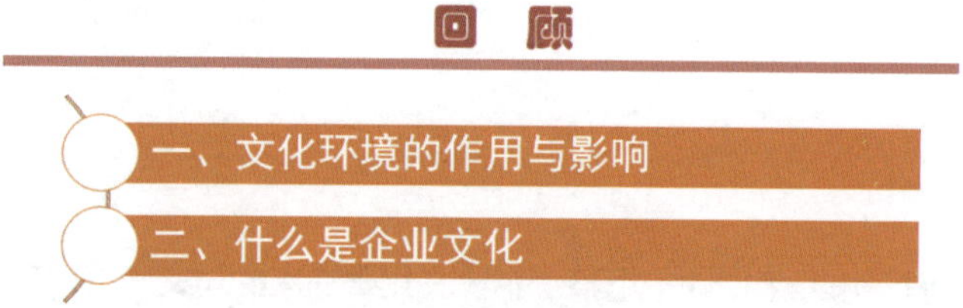


图 6-2　企业文化是什么

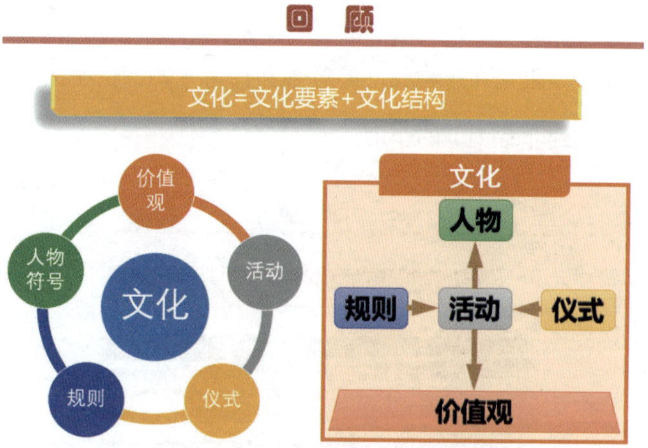


图 6-3　什么是企业文化回顾

在此基础之上，我们将文化跟法律、制度等做了对比，发现它们有一个共性：都是约束工具。而文化约束是软性的、是低成本的。所以，文化是我们可以主动利用的工具，是我们必须充分运用起来的（见图 6–4）。

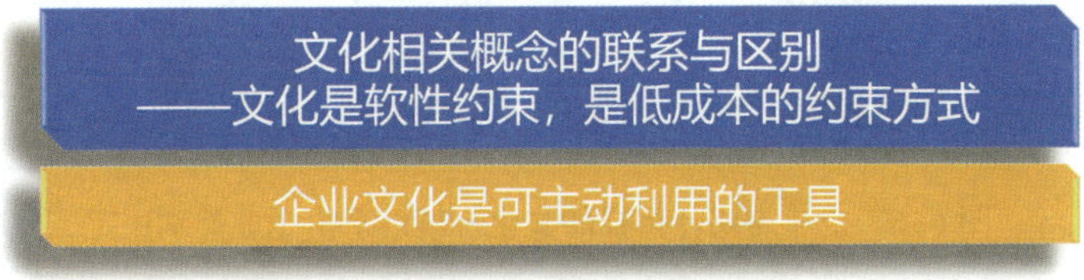


图 6–4　文化相关概念的联系与区别

第三部分我们探讨交流的是企业需要什么文化（见图 6–5）。我们说需要什么文化的时候，讲的是价值诉求。这个价值诉求受企业类别和发展阶段的影响。

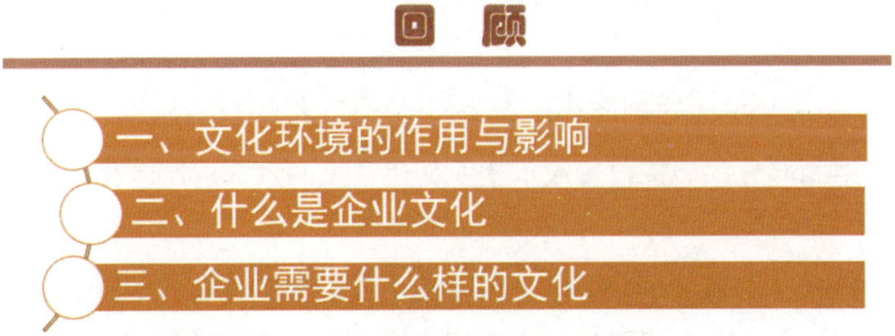


图 6–5　企业需要什么样的文化回顾

我们针对不同类别的企业配套了相应文化，以及处于不同阶段的企业需要什么样的文化（见图 6–6、图 6–7）。

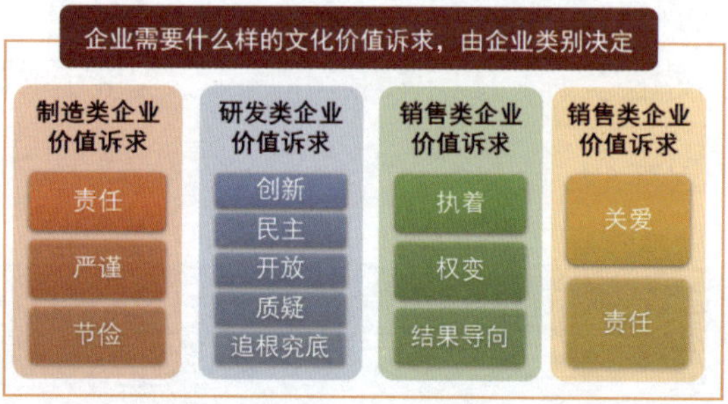


图 6–6　企业需要什么样的文化价值诉求由企业类别决定

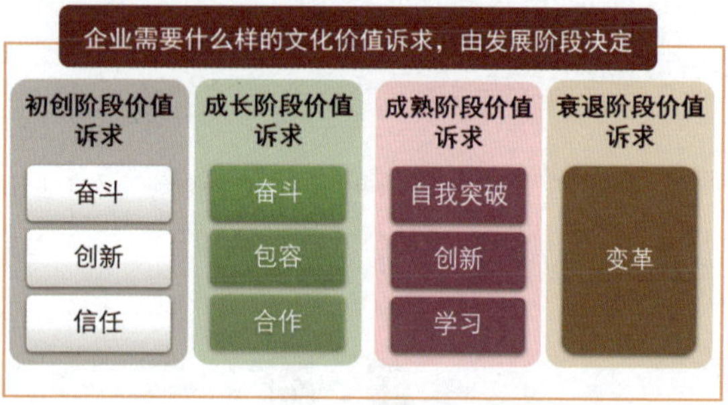


图 6–7　企业需要什么样的文化价值诉求由发展阶段决定

第四部分我们探讨交流了企业文化常见的六大误区（见图 6–8）。

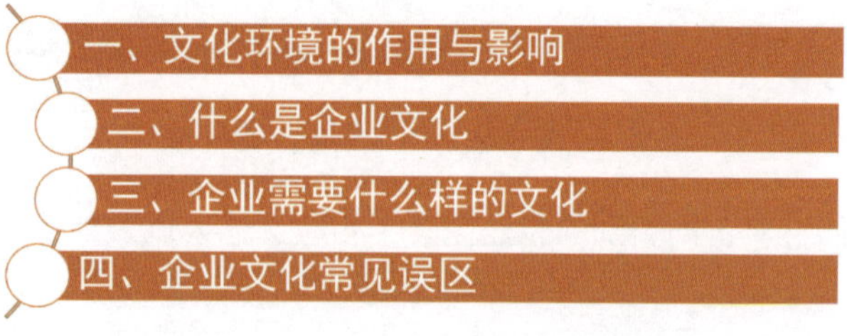


图 6–8　企业文化常见误区回顾

这六个误区我们不再重复了（见图 6–9）。

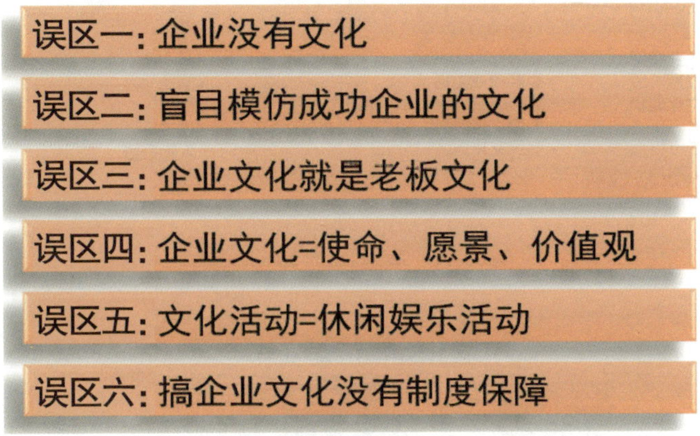


图 6–9 企业常见六大误区

第五部分我们共同探讨交流了怎么建设企业文化（见图 6–10）。

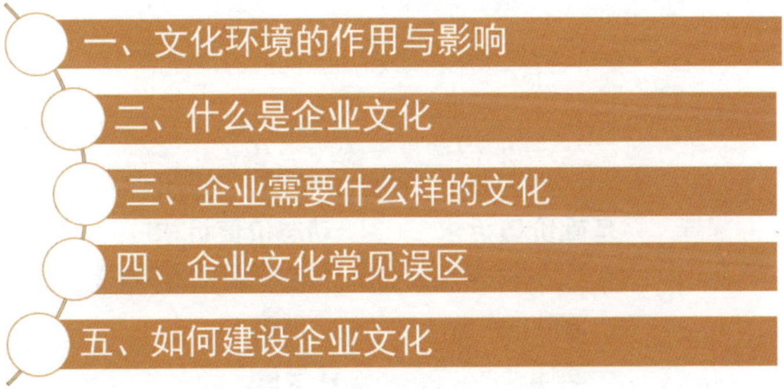


图 6–10 如何建设企业文化回顾

这是文化建设的流程，动态加基础价值观以及十大常见的价值观（见图 6–11~ 图 6–13）。

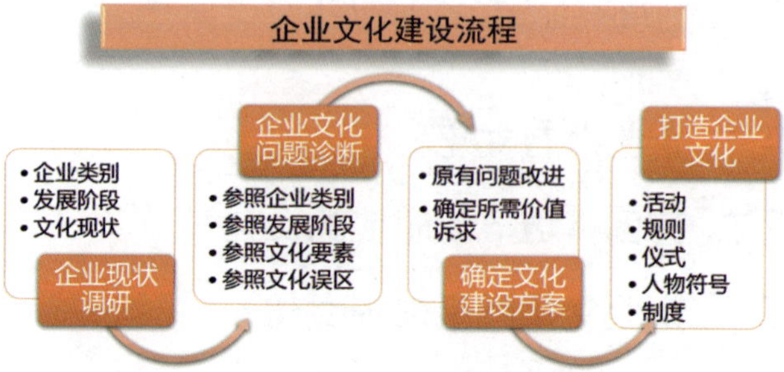


图 6–11　企业文化建设流程

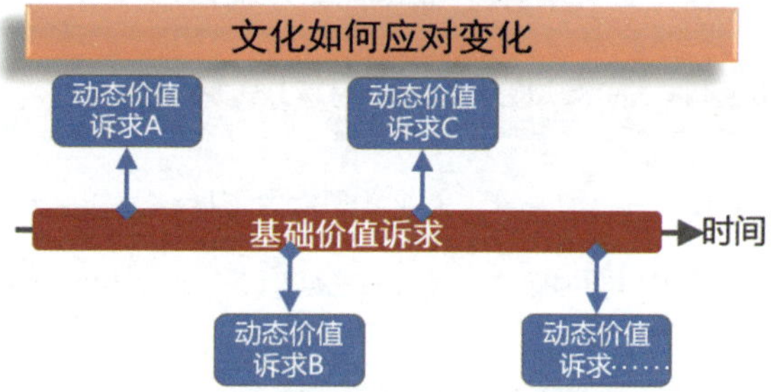


图 6–12　基础诉求和动态价值诉求回顾

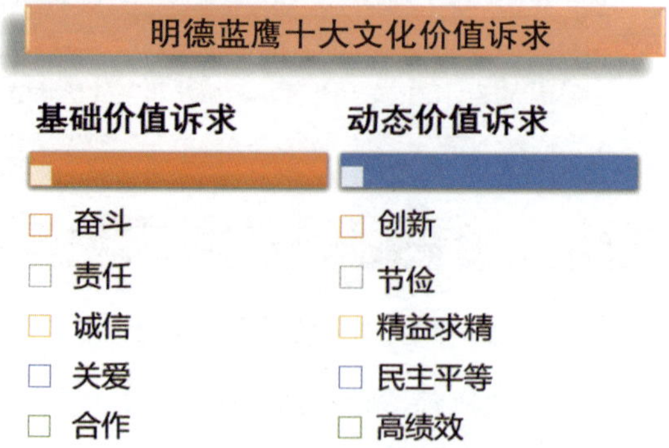


图 6–13　明德蓝鹰十大文化价值诉求回顾

# 参考文献

[1] 陈广 . 华为之企业文化 [M]. 深圳：海天出版社，2018.

[2] 陈广 . 解密华为成功基因丛书：华为的企业文化 [M]. 深圳：海天出版社，2012.

[3] 张继辰，王乾龙 . 标杆企业研究经典案例：阿里巴巴的企业文化 [M]. 深圳：海天出版社，2015.

[4] 艾永亮，刘官华，梁璐 . 腾讯之道：我们应该向腾讯学什么？ [M]. 北京：机械工业出版社，2016.

[5] 特伦斯・迪尔，艾伦・肯尼迪 . 新企业文化 [M]. 北京：中国人民大学出版社，2015.

[6] 特伦斯・迪尔 . 企业文化：企业生活中的礼仪与仪式 [M]. 北京：中国人民大学出版社，2020.

# 后记

《企业文化》课程一经面世，就在明德所辅导的企业中引起了强烈共鸣和热烈反响——

“本来以为讲文化是最空、最虚无缥缈的，没想到这么接地气，这下搞文化有抓手了！”

“听了很多企业文化课，到最后还是不知道企业文化是什么，把文化的要素和结构这样一梳理，彻底明白了！”

“我为了打造企业文化，自己看遍了企业文化的书，还是整不出来。明德的课是把所有文化大家的思想融会贯通又提炼出来，我们自己是拎不出来的，这次听完发现原来全跑偏了、白费功夫”。

……

当然，也不乏有人对其中的某些角度和观点提出疑问和不同看法。

企业文化这一话题海纳百川。明德团队在多年辅导企业实战中，对于企业文化也有自己的探索和感悟，本书选取了其中一些企业文化最为核心的话题与大家交流探讨，分享明德的理解和视角以供参考。但我们也深知，对于企业人力资源、企业文化本质和应用的探知远未结束。企业文化在不同的企业、不同的阶段、不同的应用场景下还会衍生出更多的话题，比如，当部门所需文化价值诉求和企业所需的文化价值诉求发生冲突时该怎么办？当企业的类型和发展阶段对价值诉求发生冲突时该怎么办？某一种价值诉求可以通过哪些活动来实现？……有待我们大家继续研究。

企业文化本身兼具科学和艺术特性，我们也期望大家在对待企业文化时，跳出对与错的窠臼。或许将来证明，本书中的有些观点确实不一定正确，但能引发大家对企业文化的关注、思考、讨论、研究，就已达到明德的目的。

企业文化的打造过程，其实就是企业铸魂的过程。我们在谈及人的时候经常讲："好看的皮囊千篇一律，有趣的灵魂万里挑一。"企业又何尝不是。企业如何拥有有趣的灵魂？如何做成马云所谓"有味道的企业"？这就需要用企业文化不断引导和浸润。

阿里、华为等成功的企业文化打造者，都已花了十年以上时间去塑造自己的企业文化。有一句话讲得好：种一棵树最好的时间是什么时候？——十年前。但现实最好的时间是什么时候？——对！现在。

所以，企业文化的打造是每个企业都应该落实到行动的事，也希望通过本书，帮助您的企业打造企业文化，铸造出一个个更有趣、更有力量的灵魂。